U0672084

STEAM

硅谷是如何培养创新人才的

木岛里江 /著 孙律/译

图书在版编目（CIP）数据

STEAM：硅谷是如何培养创新人才的 /（日）杨·吉原麻里子，（日）木岛里江著；孙律译 . —杭州：浙江人民出版社，2021.10

ISBN 978-7-213-10218-9

Ⅰ . ① S⋯ Ⅱ . ①杨⋯ ②木⋯ ③孙⋯ Ⅲ . ①创造型人才－人才培养－研究 Ⅳ . ① C961

中国版本图书馆 CIP 数据核字（2021）第 142335 号

浙 江 省 版 权 局
著 作 权 合 同 登 记 章
图字：11-2020-024 号

Sekai wo kaeru STEAM Jinzai
by Yang Yoshihara Mariko, Kijima Rie
Copyright © 2019 Yang Yoshihara Mariko, Kijima Rie
Simplified Chinese translation copyright © 2021 ZHEJIANG People's Publishing House,
All rights reserved

Original Japanese language edition published byAsahi Shimbun Publications Inc.
Simplified Chinese translation rights arranged with Asahi Shimbun Publications Inc.
through Hanhe International(HK) Co., Ltd.

STEAM： 硅谷是如何培养创新人才的

［日］杨·吉原麻里子 ［日］木岛里江 著 孙律 译

出版发行：浙江人民出版社（杭州市体育场路347号 邮编 310006）
　　　　　市场部电话：（0571）85061682 85176516
责任编辑：申屠增群
策划编辑：张锡鹏
营销编辑：陈雯怡 赵 娜 陈芊如
责任校对：陈 春
责任印务：刘彭年
封面设计：北京红杉林文化发展有限公司
电脑制版：北京弘文励志文化传播有限公司
印　　刷：杭州丰源印刷有限公司
开　　本：880毫米×1230毫米 1/32 印　张：6.5
字　　数：98千字 插　页：1
版　　次：2021年10月第1版 印　次：2021年10月第1次印刷
书　　号：ISBN 978-7-213-10218-9
定　　价：48.00元

如发现印装质量问题，影响阅读，请与市场部联系调换。

前言
PREFACE

人文主义正成为 STEAM 人才追求的目标

你是否听说过 STEAM？

作为当今世界备受瞩目的全新理念，它以美国（尤其是硅谷地区）为发源中心，集中反映在各领域的佼佼者身上，可以说是未来人才培养的核心。

STEAM 取自科学（Science）、技术（Technology）、工程（Engineering）、艺术（Arts）[①] 和数学（Mathematics）

[①] "Arts"一词除"Art"本身指代的"艺术"，在作文科（Liberal Art）解读时也包含"教养"及"人文学科（Humanities）"的意思。为方便阅读，本书所说的 Arts 统一指艺术，如使用其他含义，则另作说明。

这 5 个英文单词的首字母。

21 世纪初，STEM 理念在美国教育界兴起，并且迅速推广至全球。显而易见，"艺术（Arts）"尚未被包含其中，STEM 侧重的是理科及实用科学的培养。STEAM 则在此基础上推陈出新，改革学习方法，被认为会在未来的人才培养中发挥重要作用，其中的关键则在于新增的"A"。

近年来，全球多家知名企业和教育机构都对艺术和设计格外重视。

从 2010 年到 2015 年，谷歌（Google）、脸书（Facebook）、奥多比（Adobe Systems）等硅谷巨头多方收购创业公司。其中，有 27 家公司的创始人具有设计背景。此外，埃森哲（Accenture）、麦肯锡（McKinsey & Company）等顶尖咨询公司和会计师事务所也纷纷打破行业壁垒，进军以往从未涉足过的设计领域，大力收购设计公司。

在商业世界中，工商管理硕士（MBA）群体曾经备受青睐，而如今则是毕业于艺术院校且取得艺术硕士（MFA）的人才更受欢迎。而且，以往被视为商业人才不可或缺的逻辑思考（Logical Thinking）能力和批判性思考（Critical Thinking）能力不再引人注目，取而代之的是设计思考（Design Thinking）能力。因此，展开前所未有的奇思妙想、带来革命性的创造发明，拥有这种能力的人才为当今社会迫切所需。

步入 21 世纪，人类对于效率和功能的追求已接近极致。富有远见的企业开始探索新型发展道路，而它们最关注的领域正是艺术和设计。

"今后商业人才还要具备艺术修养吗？"

"精通科学和数学，同时还具备艺术才能，这样的人怎么可能不成功？"

……

面对这种趋势，有人大吃一惊，有人则不以为然，还有人认为这套理论过度要求能力开发，且对人才的全能性过于苛求，因此对其心生厌恶。

但是，笔者的本意只是想换个角度来审视 STEAM 这种人才培养方式。

STEAM 中的 "A" 并非局限于艺术和设计，其涵盖范围通常更广泛，思想也更深远，类似 "如果不能做到五门

学科全优，今后就会无所作为"这样的观点绝不是 STEAM
的宗旨。不过由于 STEAM 理念整合了多门学科的要求，
所以人们不自觉地将 STEAM 人才定位为各个领域（科学、
技术、工程等）的全能型人才也是可以理解的。

　　然而，无论是重视理科，还是将其拓展至人文、艺术
等更广的范围，其实都不过是 STEAM 的一种特征。从整
合多门学科要求的角度来说，这只是结果，并非一种手段。

　　笔者认为，STEAM 中最核心的观念即为"重视人
性"，这也是 STEAM 人才思考和行动的出发点。在本书
中，笔者将其称为"21 世纪新型人文主义"（Humanism，
一般译为人文主义或人类主义），单纯解释理论或许有
些抽象，后文会进行详细说明。

　　换言之，STEAM 追求的目标是"造福于人"。

　　行文至此，请允许笔者补上姗姗来迟的自我介绍。

　　本书由教育研究者及实践家杨·吉原麻里子和木
岛里江联合编著。我们二人从位于美国硅谷中心的斯坦
福大学取得博士学位后，便共同创办了非营利性机构天
空实验室（SKY LABO），旨在推动面向女性学生的
STEAM 教育。

　　一直以来，笔者坚持对 STEM 和 STEAM 的教育理

念展开比较研究，同时与活跃在硅谷 STEAM 教学最前
线的顶尖人才进行深入交流。身为人母，且定居在硅谷
这个对于 STEAM 意义非凡的地区，在育儿和学校教育
等方面亲力亲为，这让笔者感触颇多。

在本书中，笔者将尽量以通俗易懂的方式表述在硅
谷工作和生活中的所见所想。本书围绕 STEAM 这个当
今世界最受瞩目的话题，既有对硅谷最新人才培养动态
的介绍，又有对 STEAM 精神如何体现的思考，还有对
今后社会所需的新型人才及教育方针的探讨。

全书将从三个角度审视 STEAM 精神。

首先，STEAM 人才必须是 21 世纪新型人文主义者，
他们要把重视人性奉为从业的核心思想，并且持之以恒
地对此展开探索；其次，STEAM 人才要时刻保持创新
思维（Innovator Mindset），坚持不懈地推动创新发展；
最后，STEAM 人才还要勇于打破各种学科和领域的壁
垒，在工作中巧妙设计、发挥想象，进而创造出前所未
有的先进的行为模式。

既是重视人性的人文主义者，又是创新者，还
是前卫的设计者，将这三者结合，才构成笔者心目中
STEAM 人才的理想形象。

　　把人类从固有思维的束缚中解放出来，引入人与社会和谐发展的新模式，这是 STEAM 人才的使命。满怀造福人类的真心和热情、刻苦钻研、在行为和思想方式上不受束缚，笔者认为，只有具备此类特质的 STEAM 人才才能引领 21 世纪社会的发展与进步，并且为未来世界的前进道路指明方向。

　　硅谷凭借尖端技术和前卫思想走在时代的前列，那么究竟有哪些行业正如火如荼地发展着？又有哪些精英在其工作领域大显神威？在硅谷被人津津乐道的 STEAM 到底是什么？对此有所了解后，再思考什么样的人才才是新型社会发展所需要的，届时我相信你将会有重大的发现。

　　对于今后有志于在国际舞台上大显身手的商务人士和学生来说，如果硅谷的最新动态能给你带来启示，那么笔者将深感荣幸。此外，对于教育从业者或重视子女培养的父母来说，本书若能成为你手边常备的参考资料，笔者更是不胜欣喜。

　　硅谷的 21 世纪新型人才到底有什么过人之处？其在美国的教育一线究竟兴起了怎样的波澜？事不宜迟，请继续看下去，和笔者一起展开对 STEAM 人才发展的探索吧！

目录
CONTENTS

第 1 章

21 世纪新型 STEAM 人才

后信息化时代需要哪类人才

审视当今世界所处的环境，我们正在迎来新的变革期。

伴随着物联网（Internet of Things，IoT）技术的飞速进步，各类信息和知识得以共享，人与物实现互联互通，由此创造出前所未有的价值。机器人科学、脑科学研究等尖端领域取得显著发展，信息与通信技术（Information and Communications Technology，ICT）、遗传学研究等领域的发展也是突飞猛进。这不仅给社会带来翻天覆地的变化，而且对人们的生活方式产生了深远的影响。

人类历史可以追溯至大约 500 万年以前，迄今为止已经发生过数次重大的变革。从磨制石斧、采集狩猎的原始时代迈入居有定所、集体劳作的农耕时代，又以工业革命推动工业化进程，随着技术的不断革新，人类社会终于迎来了信息化时代，信息所蕴含的价值远胜于单纯的生产及物品流通。

根据日本政府发布的第 5 期《科学技术基本计划》，继狩猎社会（Society 1.0）、农耕社会（Society 2.0）、工业社会（Society 3.0）和信息社会（Society 4.0）之后，社会发展进入第五阶段，即超智能社会（Society 5.0）。

基于这个定义，今天的我们正处于从信息社会到超智能社会的过渡时期。今后的努力方向应当是构建"以人为本的社会"，即打造虚拟空间和现实空间高度整合的系统，进而实现发展经济与解决社会问题的共存共荣。

如今，在语音及图像识别、翻译等领域，人工智能（Artificial Intelligence，AI）已和人类不相上下，甚至有过之而无不及。在不远的将来，在标准化作业以及部分涉及逻辑分析的业务领域，人工智能很有可能会取代人类。

2018 年 10 月末，老牌拍卖行佳士得（CHRIS-TIE'S）首次拍卖人工智能画作，轰动一时。此前该人工智能曾被输入并学习了 15000 幅出自名家之手的肖像画，这让人们进一步看到了科技进步的可能性，堪称人工智能发展史上的一段佳话。

这也同时宣告着，一个重新审视人与机器、人性和技术的时代的到来。

《如何避免被机器人抢走工作》《使用 AI 还是被 AI 利用》等激起热议的文章频频见诸报端，对于今后人才培养及教育的发展方向，世人也是争论不休。

狩猎社会推崇身强力壮的人才，以此确保其能捕获更多的猎物；农耕社会则更强调生活规律、集体行动；在工业社会中，能工巧匠更受欢迎；在信息社会中，会整合信息与数据的分析型人才能够得到更多的关注。不同时代对人才的要求迥然不同，超智能社会自然也需要能够适应其发展的新型人才（即人才 5.0）。

那么，新型人才应该具备怎样的特质呢？

对于日本政府来说，为了将尖端技术引入各行各业，进而实现社会生活的可持续发展，举倾国之力培养人才势在必行。

围绕培养超智能社会所需人才的议题，日本文部科学大臣曾召开研讨会。在 2018 年 6 月发布的相关报告中，新型人才的理想形象已经跃然纸上，即"或是创造、发现具有突破性的新知，以此作为技术革新和价值创造的源泉；或是将新知与社会课题紧密结合，打造新型平台，创造新的产业"。

后信息化时代需要开拓新的事业，并以此形成新的价值或服务。对于原本掌握编程和数据分析等技能、善于发现新课题的人才来说，丰富有助于解决课题的工程知识、艺术联想和创意设计也是这个时代的新要求。

然而，今后社会到底需要怎样的人才？都有哪些能力是不可或缺的？我们应当为下一代提供怎样的教育？现在对此恐怕很难作出具体且准确的回答。

引领未来的硅谷

对于未来的教育方针及人才的理想形象，日本社会莫衷一是。是采用"填鸭式"教学还是宽松型教育？侧重文科还是理科？招聘时倾向于不需培训即可立刻上岗的成熟人才，还是需要长期培养的新人？此类探讨由来已久，无论教育界还是产业界均争论不休，且未能形成共识。

另一方面，将视线投向日本之外。日本力图打造生机勃勃的后信息化社会，而在现实中，被誉为"创新工厂"的美国硅谷无疑是这个愿景的最佳代表。谷歌、脸书等国际知名企业云集于此，无论是信息科学等先进技术的研发，还是下一代人才的培养，硅谷毫无疑问已经走在了时代的前列。

"硅谷式奇迹"频频见诸报道，相信读者对此也是多有耳闻。硅谷并非一座城市，而是位于美国西海岸加利福尼亚州的一片区域，其以连接旧金山和圣何塞（San Jose）的半岛为中心，吸引大量企业聚集于此。

以硅为原材料的半导体产业在该地区盛极一时，硅谷之名由此而来。在始于 20 世纪 50 年代的半导体热潮退去后，硅谷在 20 世纪七八十年代成为计算机和软件的天下，各类电子设备厂商如雨后春笋般成长起来。

至 20 世纪 90 年代中后期，随着互联网的普及，以雅虎（Yahoo）、易贝（Ebay）、贝宝（PayPal）、谷歌等为代表的信息产业兴起。步入 21 世纪更是百花齐放，新兴产业应运而生，例如以脸书、推特（Twitter）、领英（LinkedIn）为代表的社交网络（Social

Networking Society，SNS），支持在线媒体播放的网飞（Netflix）和潘多拉（Pandora），提供共享服务的优步（Uber），以及研发电动汽车的特斯拉（Tesla），等等。

如今，来自世界各地的创业家们齐聚硅谷，他们志存高远、一掷千金，也使得该地区的发展呈现出欣欣向荣的景象。

根据美国民间组织硅谷合资企业协会（Joint Venture Silicon Valley，JVSV）下属地区研究学院的调查统计，2002 年至 2015 年期间，在硅谷从事个体经营的人数增加了 20%，具有科技领域背景的专业人才数量占总人数的 25%。2017 年，硅谷地区（含旧金山）合资企业的投资总额达到 249 亿美元。根据美国老牌顶级风险投资公司——凯鹏华盈（Kleiner Perkins）的分析报告，当年全世界的同类投资总额为 1550 亿美元。由此可见，仅硅谷地区的投资总额就占全世界同类投资的 16% 左右。

强强联合的世界一流教育机构和企业，积极扶持新兴产业的天使投资，财大气粗的风险投资者与机构投资者，富有创业精神的工程师及知识产权专家，吸引大批移民的美国西海岸之风，面向亚洲、门户大开的独特地缘优势……这些要素的有机结合，使得硅谷成为汇聚人才的沃土，进而打造出有利于创新的生态系统。

即便在日常生活方面，硅谷同样也走在世界前列。

笔者学习和生活所在的斯坦福大学位于硅谷的中心，每天耳闻目睹的情景像是发生在未来世界。

在街上随时能见到戴着智能手表的商务人士，他们一边娴熟地在智能手表上处理着信息，一边等待在手机软件上预约好的车。车头架设了摄像机的无人驾驶汽车全天候准确无误地穿梭于道路间，而骑着太阳能电动车上学的高中生也并不少见。进入购物中心，不经意间便与巡逻的机器人保安擦身而过。在医院里，医生们借助智能眼镜分析病人的病情，还可以通过语音给智能眼镜下达具体的指令。

搭载最新技术、舒适且安全的智能家居深受千禧一代[①]的青睐。面向有老人的家庭的设计更是尝试深化人工智能，巧用物联网技术实时演算老人跌倒的可能性，把风险扼杀在萌芽阶段。

---

① 千禧一代：Millennials，同义词为 Y 一代，是指出生于 20 世纪、在跨入 21 世纪（即 2000 年）以后达到成年年龄的一代人。

这一切都让人仿佛置身于尖端科技的实验室，因此要问世界上哪里会率先实现超智能社会，硅谷当仁不让。

活跃于硅谷的超级精英

随着产业集群 ① 的发展，来自世界各地的优秀人才云集硅谷。通过创业股票期权一跃成为千万富翁、亿万富翁的传奇在硅谷时有发生。据统计，全美人均年收入为 61000 美元。基于硅谷合资企业协会的统计，硅谷高端人才的平均年收入约为全美平均水平的 2 倍，IT 产业从业者的收入更是高达全美平均水平的近 3 倍。

振奋人心的经济发展状况、温暖怡人的地中海气候、得天独厚的生活环境，加之拥有世界一流的教育机构及人际网，硅谷吸引全世界的精英纷至沓来。

如今的硅谷盛行着一种全新的人才培养理念，且在

_____

① 产业集群：以一个主导产业为核心的相关产业或某特定领域内大量相互联系的企业及其支持机构在一定区域空间内的集合。

精英中的佼佼者身上体现得最为明显。这便是本书的主题，也即今后社会人才培养的核心——STEAM。

近年来，硅谷式创新频现，大有跳出 IT 产业的态势。借助最尖端的技术，各类奇思妙想得以实现，涌现出不少耐人寻味的可喜尝试。

以 2013 年名噪一时的"海湾浮光（The Bay Lights）"为例，它以长约 3000 米的旧金山 - 奥克兰海湾大桥（San Francisco-Oakland Bay Bridge，简称海湾大桥）为背景，堪称令人惊叹的艺术杰作（如图 1-1 所示）。

图 1-1　以 LED 光球装饰的旧金山 - 奥克兰海湾大桥

与被无数流行歌曲争相传唱的金门大桥相比，海湾大桥原本其貌不扬，却凭借现代艺术的美化一跃成为世人瞩目的焦点。难能可贵的是，"海湾浮光"并不是陈列在美术馆中的静态作品，而是与整座海湾大桥融为一体、相得益彰。

设计师在海湾大桥西侧精心点缀了 2.5 万个 LED 光球，它们会从傍晚一直亮到天明，呈现出一派流光溢彩、气势恢宏的景象。每个光球都由电脑程序控制明灭，同一类型的色彩不会同时出现。光球所用的材料也经过了特殊设计，足以抵御长期的风雨侵蚀。可以说，"海湾浮光"这个艺术作品从硬件到软件均得到了最新技术和最前卫艺术的保驾护航。

然而，"海湾浮光"这项设计的最大成就既不是完成了高难度的技术挑战，也不是实现了完美的艺术创作形式，而是密切了人与人之间的关系。

随着夜幕降临，装饰一新的海湾大桥成为大量游客和当地居民流连的圣地。这项设计的创意涉及多个领域，凝聚了艺术家、软件工程师、数学家、科学家等精英人士的智慧。五光十色的景象背后也有硅谷商务精英的功劳，正是他们撑起了当地的繁荣发展，才使得今日可见如此壮美的景色。可以说，这项融合了艺术与技术的杰出设计正是当地各行各业的人群策群力的结果。

正如"海湾浮光"总设计师利奥·维拉里尔（Leo Villareal）对其的命名一样，"海湾浮光"是一场名副其实的"光之盛典"。

加利福尼亚大学的研究人员对前来观景的人们进行了调查研究，详细记录他们当时的感受，继而深入分析共同体验对他人带来的影响。据此，研究人员得出一个结论：敬畏心理使人更亲近社会。这个观点一经发表，立刻引起了社会上的热烈讨论。

科学和技术、艺术与设计，让各专业人才通力合作的理念正是 STEAM 的特质，而解放思想、勇于尝试的创新者就是 STEAM 类型的人才。

整合迥然不同的领域、满怀造福人类的热情，STEAM 人才以硅谷为中心掀起典范转移（Paradigm Shift）① 的热潮。

---

① 典范转移：又称范式转移，是指一个领域里出现新的学术成果打破了原有的假设或者法则，从而迫使人们对该领域的很多基本理论做出根本性的修正。

向 STEAM 人才学习

对于当今的世界来说，硅谷在技术创新方面走在了进步的前沿。在该地区究竟有哪些行业正如火如荼地发展着？又有哪些精英在大显神通？始终被人津津乐道的STEAM 到底是什么？带着这些疑问，本书将围绕 21 世纪新型 STEAM 人才以及教育方向展开详细介绍，力求接近 STEAM 人才培养的本质。

毋庸置疑，STEAM 并非是仅存于硅谷的特例，它也不是一种特异功能。只要养成合理的思维习惯，掌握相应的方法和技巧，大多数人都能达到这个境界。

在说明 STEAM 的本质之前，请允许笔者再介绍几位能够代表 STEAM 精神的硅谷精英。相比于抽象地解释概念，从真人真事切入进行讲述更有助于读者理解。

值得一提的是，这也是 STEAM 人才格外推崇的交流方式，即故事讲述（Story Telling）。

随着科学技术取得越来越多惊人的进步，如今单凭产品的功能或性能参数已经不足以保证企业和生产者取得行业领先地位，他们还需要会讲述令人耳目一新的故事，从此来吸引消费者。

例如，在讲解产品或创意的时候，若能插入经验之谈或者耐人寻味的奇闻轶事，对方就更容易理解你的意思。如今的消费者不会轻易被数据所迷惑，打动人心的故事无疑具有更佳的效果。

TED 是美国的一家非营利性机构。TED 由技术（Technology）、娱乐（Entertainment）和设计（Design）这 3 个英文单词的首字母组成。该机构以组织有各行业专家登台的 TED 演讲会著称，TED 演讲会的宗旨是"传播一切值得传播的创意"。从 1984 年成立以来，不少来自各领域的风云人物都曾担任过 TED 的演讲嘉宾，比如美国前总统比尔·克林顿（Bill Clinton）、U2 摇滚乐队主唱波诺（艺名 Bono）、苹果公司创始人史蒂夫·乔布斯（Steve Jobs）等。嘉宾在台上畅谈 18 分钟，演讲的全过程会被传到网上供全球观众免费观看，如今的累计播放量已经高达 5000 多万。

接下来，笔者也将效仿这一做法，力求展现 STEAM 的价值与魅力。笔者此前曾采访多名 STEAM 人才，对其中 3 人的印象最为深刻。

第一位是前田·约翰（John Maeda）——少有的追求设计、艺术和技术紧密结合的人文技术专家。围绕极简主义对思维的影响、人与人的关系、以设计为核心的主题，前田始终重视前沿技术和艺术感悟的并行发展，深入挖掘二者的关联，探索共同繁荣的模式。近年来，他通过钻研软件技术、开发网页、著书立说等，广泛活跃于各大媒体。在讲解设计对于商业的重要性之余，他频频发表涉及多个领域的真知灼见。从 2015 年起，前田领导的团队每年都会发布《科技中的设计报告》（*Design in Tech Report*），该报告因被誉为 STEAM 行业发展的风向标而备受业界关注。

第二位是斯坦福大学中计算机合成音乐研究领域的领军人物王戈，他发明的音频编程语言 Chuck 堪称划时代的创新。在计算机科学与艺术音乐的融合取得突破之后，他于 2008 年创立 Smule 公司，相继开发出多款具有极高商业价值的软件。例如，可以把 iPhone 变成乐器且可多人合奏的手机软件，以及大名鼎鼎的音乐软件

"陶笛（Ocarina）"。

第三位是与谷歌创始人拉里·佩奇（Larry Page）共同创业并联合成立谷歌 X 实验室（现为 X）的松冈容子（Yoky Matsuoka）。作为锐意进取的科学家，她成功将最先进的机器人研发成果与神经科学相结合，大胆开辟了神经机器人学（Neurorobotics）这个新兴领域，并因此获得了美国麦克阿瑟基金会颁发的"天才奖"（MacArthur Fellows）。

在后信息时代大显身手的 STEAM 人才究竟展现了怎样的风采？这三人的传奇故事想必会给读者朋友们留下深刻的印象。

融合科学和艺术的设计师前田

"约翰很擅长艺术和数学呢……"

自从在小学四年级的家长会上听到班主任的评价之后，前田的耳畔时常会回响起这番话。他之所以下定决心往 STEAM 的研究方向发展，起因正是家长会次日父亲对他的点评："数学才是你的强项。"

　　艺术怎么就不值得让人骄傲呢？这件事一直让少年时代的前田耿耿于怀。

　　前田的父母在美国西雅图开了一家豆腐店，前田从小就不得不帮忙操持家业。或许是因为离家不远处有一座生产波音飞机的大型工厂，所以父亲对他的期望就是考入一所一流大学并成为一名工程师。

　　前田不负众望，于1984年考入麻省理工学院（Massachusetts Institute of Technology，MIT）。同年，面向个人用户的麦金塔计算机（Macintosh）问世，谁也没有料到它在日后会成为硅谷的传说、商业广告的宠儿、挑战行业巨头IBM的斗士。随着搭载图像功能的计算机涌入市场，图标开始流行。

　　为了发挥自身的数学技能，前田把用户界面的技术开发作为研究方向，在研究生院就读软件工程专业。

　　某日，他在图书馆随手翻开了设计大师保罗·兰德（Paul Rand）的著作《关于设计的思考》（Thoughts on Design）。兰德简洁明快的理念、空间操控感极强的风格令他大为折服，就此下定决心从事图形设计行业。与此同时，既是校友又是计算机图形学开拓者的穆里尔·库珀（Muriel Cooper）教授也建议他去艺术院校进修。

为了重新起航、钻研设计，前田来到日本，在日本筑波大学研究生院学习艺术。为了摆脱技术的束缚，他用纸和笔找回自我。此中的感悟和发现也成为他的人生哲学，并在他所著的《简单法则》（*The Law of Simplicity*）一书中展现得淋漓尽致。

通过与兰德、田中一光等图形设计权威的邂逅与交流，前田以美国和日本为舞台，初步接触了图形设计的核心思想。

之后他重回学术氛围浓厚的麻省理工学院，在麻省理工学院媒体实验室（The MIT Media Lab）从事跨行业研究，探索工程、艺术、计算机与图形的融合之道。

身为软件工程师，他从本专业出发，研发出名为"交互式动态影像设计（Interactive Motion Graphic）"的计算机技术。以该技术为基础，计算机图形可以呈现出局部的动态效果，或者原本静止的画面可依照用户的语音指令动起来。

这项技术如今广泛应用于 Adobe 的 Photoshop 软件中，但在研发之初却因被视为"离经叛道"而备受冷落。据说，当静态图像根据前田的指令变成动态时，他的导师大吃一惊，继而眉头紧皱地说："这是怎么回事？还不给我停下来！"

前田对人与技术的关系具有独到的见解。在他看来，技术并非是人类的开发对象，而是一种"表现的工具"。

前田开创性地把计算机科学的数字表现形式作为一种图形艺术，同时也把老旧的计算机和 iPhone 作为自己的绘画素材……前田的种种行为使他大大偏离了传统工程师的形象，他的一些天马行空的作品常常在纽约、旧金山等地的现代美术馆展出。

2008 年，前田被罗德岛设计学院（Rhode Island School of Design，RISD）聘为校长，该学院被誉为"设计领域的哈佛大学"。从此，前田苦心钻研技术与艺术的双剑合璧，行事风格更加显得与众不同。2013 年，打着"从 STEM 到 STEAM（From STEM to STEAM）"的标语，超党派议员联线（Caucus）得以达成。美国民主党与共和党的议员打破政党壁垒，联合倡导新型教育理念，呼吁美国教育界在传统的科学、技术、工程、数学之外，引入广义的艺术。在 2015 年的西南偏南大会（South of Southwest，SXSW）上，前田发表了题为《科学中的设计》的演讲（如图 1-2 所示）。

图 1-2　前田正在演讲

演讲内容以实时图像的形式被记录了下来（如图 1-3 所示）。

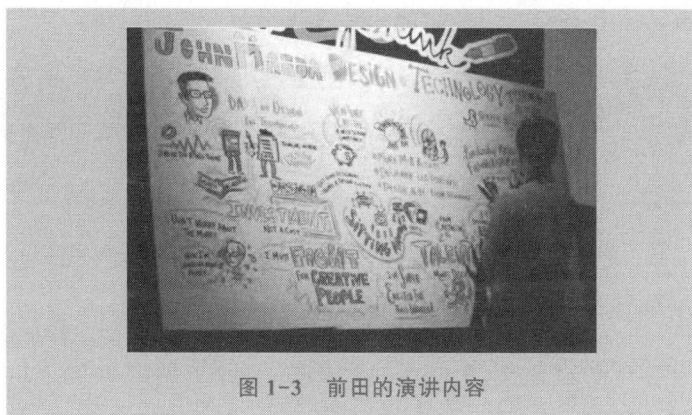

图 1-3　前田的演讲内容

当时的美国教育依旧侧重于理科和数学（详见第 2章），同时，美国财政对人文和艺术的教育经费还有削

减的趋势。有识之士担心美国教育就此偏废，因此掀起
了"从STEM到STEAM"的运动，并且美国各界对该
运动的声援一波高过一波。

STEAM成为这场运动的星星之火，而高擎智慧火
炬的正是前田。由于2016年恰逢美国总统大选、政权
交替，前田主推的STEAM理念未能从政策上得到反
映，但是它已经对罗德岛设计学院等许多硅谷的教育机
构产生了深远的影响。

不断跨越专业的"边界"、反复打磨专业性、持之以
恒地挑战新的领域，这正是前田的风格。他的动力来自好
奇心和探索欲，更重要的是他满怀造福于人的热情。

虽然前田常驻硅谷，但他在数年前便已散尽所有藏
书，舍弃无用之物，过着极简生活。这份心境显然是日
系家庭熏陶渐染的结果。日复一日地从早晨开始帮忙加
工豆腐，平淡生活所蕴藏的独特日本文化早已在他心头
悄然扎根。

在横跨研究多个领域的同时，前田渐渐坚定了信
念：设计是连接尖端技术和顶级艺术的桥梁。前田也曾
多次登上前文提及的TED演讲会，并坚持不懈地宣传这
个观点。

关于艺术和设计的联系，他习惯以科学和工程的关系进行类比。设计带来解决问题的方法，艺术则提出问题。艺术抛出的问题使得从 STEAM 中衍生出的技术不断完善，人们的生活也由此变得丰富多彩。前田认为，艺术和设计将在未来的商业活动中扮演越来越重要的角色。

"幸福是什么？"每每面对这个问题，前田总是脱口而出："造福于人。"

他不懈探索的正是 STEAM 人才试图回答的终极问题：为了让世界更美好，我们可以做些什么？

指挥计算机管弦乐的音乐家王戈

"每当被人问到职业，我总是语塞。究竟什么是计算机音乐，我自己都还在摸索中呢……"

说这话的时候，王戈像个孩子般左右甩了甩一头乌黑的长发，眼中充满了热情。他主攻计算机音乐研究，目标是把计算机和艺术这两门看起来毫无关联的学科结合到一起，可以说是最先进领域的开拓者之一。作为独树一帜的 STEAM 人才，王戈在群星荟萃的硅谷也大放异彩。

发明音频编程语言 Chuck 的尖端科学研究员、开发
热门手机音乐应用的软件工程师、前所未有地热爱计算
机及音乐的音乐家、大学教授……身兼多个角色，王戈
被戏称为硅谷的现代达·芬奇。

王戈敲击着计算机键盘，用 Chuck 语言输入程序，
扬声器中传来类似敲击音叉发出的质朴声音——"当"。
虽然音色朴实无华，但只需调整频率和回放时间或随机
添加各类指令，便会形成许多不可思议的旋律，宛如天
籁之音。

假如再设置回声、叠加音波，就可以完成对音色的
个性化订制。尽管音色听起来和弦乐器的音色相仿，但
这毕竟是计算机程序生成的乐曲，因此被定义为由计算
机演奏的"计算机音乐"。

"这终究只是机械音，并非真正的音乐。"抱有此
类质疑的人不少，而好奇为什么要用计算机演奏音乐的
也大有人在。

事实上，这个问题正是王戈最看重的部分。他之所
以苦心研究计算机音乐，归根结底是因为一个颇具哲学
意味的问题："究竟何为人性？"

基于 Chuck 开发的各类手机软件给用户带来了前所

未有的音乐体验。人们纷纷搜寻喜爱的音色，并在其中寻找自我，通过计算机音乐与他人建立联系。

王戈在斯坦福大学组建的乐队名为"笔记本电脑交响乐队（Laptop Orchestra）"（如图 1-4 所示）。大提琴演奏家马友友和小提琴演奏家五嶋绿都是举世闻名的音乐家，与他们同台的则是一群手捧笔记本电脑的"演奏家"。通过特制扬声器，独特的旋律传遍了全球，被称为人与计算机技术的合奏。

图 1-4　"笔记本电脑交响乐队"的演奏家们

在 Chuck 的基础上，王戈又研发出把 iPhone 变成乐器的软件"陶笛（Ocarina）"。"陶笛"的操作方法更为简单，只需对着手机的麦克风吹气，然后再按下屏幕上的组合键就能轻松演奏出乐曲。

从电子设备中传出类似陶笛所发出的纯朴音色，这种感觉宛如梦幻。既能通过气息改变音量的高低，又可以通过调整吹气角度实现颤音效果，这一切都是 Chuck 的功劳。"陶笛"不仅可以为人们带来演奏乐器的愉快体验，还能帮助用户发掘充满个性的演奏风格。

"陶笛"之所以一经面世就大受欢迎，除了作为电子乐器本身性能出色外，它所具备的作为社交媒介的互动性也是功不可没。"陶笛"的使用者可以"看见"全世界使用同款软件演奏的其他用户。在软件中显示的地球界面上，世界各地同时演奏的用户都会使其所在的区域闪闪发光。

王戈创办的 Smule 公司专门从事音乐软件的开发，并在商业上取得了巨大的成功。不过，他之所以被视为顶尖的 STEAM 人才，还因为他独特的世界观。

在世界各地的人们同时用"陶笛"奏响音乐，倾听这质朴的合奏，让人心中产生万千感触，这正是技术带给人们的感动，也是王戈钻研技术的初衷。

"关键在于，如何通过技术使人与人的联系更密切？"王戈一直在思考这个问题。

"用户的年龄有多大？""为什么会选择巴赫的音乐？""用户画像是怎样的？"……徜徉在音乐的海洋中时，他总会冒出诸如此类的疑问。王戈强调说："正是因为这些情感的存在，我们才显得有血有肉。"为了寻求正确答案，人们总会在忙碌的日常生活中停下脚步，同时真正地开始思考人生。这样的探索没有答案，就和欣赏那些伟大的艺术作品一样，只能不断地追问为什么。而使这种体验化为可能的，正是最先进的技术，以及把人们联系起来的人性化设计。

根据王戈《艺术设计：追求崇高的技术》（*Artful Design：Technology in Search of the Sublime*）一书的介绍，将技术与艺术结合之后，可以实现设计的完美创造。此时，人们也会沐浴在庄严神圣的感觉中，他将这种状态形容为"崇高（Sublime）"。

灵魂的升华需要艺术和技术的合力，而这正是 STEAM 的精髓。

打破人机壁垒的工程师松冈容子

松冈容子出生于日本，少女时代的她热衷于网球运动。抱着成为女子网坛第一人的梦想，她于 16 岁时远赴美国训练。

在日本时，松冈的整个学生时代都是在信奉天主教的女子学校中度过的，耳濡目染的都是约束女性表达自我主张的刻板教育。即便是在走在时代前沿的硅谷，性别歧视也是一个严峻的社会问题，女性至今未能彻底扬眉吐气。根据松冈的表述，自己一方面坚持"后退一步则满盘皆输"的昂扬斗志，另一方面也保留了日本传统女性知难而退的优雅从容，注重两者的平衡正是鞭策她不断进步的动力所在。

为了延续对网球的梦想，擅长数学和物理的她进入加利福尼亚大学伯克利分校（University of California, Berkeley）学习，主修工程专业。但是由于伤病连连，她不得不放弃成为职业网球选手的规划，转而把这种热情投向机器人制作上。

不过她的网球梦并没有就此中断，在研究过程中，她想打造一个可以陪自己打网球的梦幻机器人——"网球伙伴（Tennis Buddy）"，在她状态正佳的时候机器人可以作为对练的强敌，而在她情绪不高的时候机器人可以让她获胜，从而鼓励她。

在麻省理工学院的研究生院完成电气工程及计算机科学的学习后，松冈如愿进入挑战机器人与人工智能极限的"类人型机器人（Humanoid Robot）"研究团队，并负责机器人手和手腕部分的制作，目标是赋予机器人与人体反射神经相似的功能，从而使其学会抓取物品。

她在研究的一开始四处碰壁，深感无能为力。人工智能技术涉及生物学和神经科学，但当时的松冈对这些领域还一无所知。既然想要再现人体精密的运动功能，首先就要了解大脑的相关构造，因此神经科学就不能不学；同时，要想找出大脑与运动之间的关联，那就还得整合最先进的机器人学和神经科学，开创名为"神经机器人学"的全新领域。

松冈创造性地融合了科学和工程这两项研究领域迥异的学科，她引领了这项最尖端的研究，因此在 2007 年被授予麦克阿瑟基金会颁发的"天才奖"。那一年，她只有 38 岁。

她倡导的人文主义精神正好符合 STEAM 人才的特质。身为神经科学的研究人员，她了解了太多罹患帕金森综合征而行动不便的病人的故事，以及因为事故而落下残疾的孩子的经历。只要发挥自身所学，一定可以改变他们的人生，她对此深信不疑。

松冈的技术被卡内基梅隆大学（Carnegie Mellon University）和华盛顿州立大学（Washington State University）用于研究机械臂和假肢，为广大失去手腕或脑中风的患者带来福音。松冈深感自身所学可以造福于人，并有志于在有限的人生中为更多人谋福利，便从大学研究所转战商界。

此后她联合拉里·佩奇成立了谷歌 X 实验室，自主创业，然后加盟苹果公司并领导最先进的健康护理团队，意气风发的松冈成为硅谷各界争抢的人工智能专家。

她如今担任智能温控器制造商 Nest 的首席技术官，积极挑战"智能家居"领域，致力于运用人工智能技术在保证舒适温度的同时减少电能消耗。在节能技术的研发现场，她最关注的始终是人与技术的和谐发展。

未来，人工智能技术势必会不断进步，但这并不意味着每个人都能体验到同等的幸福。例如，有些人希望在力所能及的事上亲力亲为，并不需要无所不能的机器人来帮忙；或者，智能家居虽然可以根据不同用户的需求进行细分或者私人订制，但从便利性的角度来看未免存在不足。有感于此，松冈在研发技术、造福于人时经常强调，最重要的就是先区分并深刻理解研发对象。

前田把提问视为艺术，王戈坚信技术开发是为了寻找答案，松冈对机器人的探索也是如此。他们矢志不渝、上下求索的正是 STEAM 人才共同面对的终极难题。

希望通过设计建立人与技术的联系，继而改变社会，STEAM 人才的这份愿景和执着正是前田、王戈和松冈容子等人坚持不懈的动力源泉。他们的热情和巧思也正在重新勾勒人们的生活，进而为人们带来翻天覆地的变化。

STEAM 的本质

行文至此，对于从不放松挑战、积极拓展探索空间的 STEAM 人才的定义，你是否大致有了进一步的了解呢？

他们最让人印象深刻的印象莫过于博学多才。他们往往在科学、工程等领域掌握最顶尖的技术，兼具设计、艺术甚至体育等跨专业技能。他们的共同之处在于面对没有答案的问题时依然抱着求解"为什么"的好奇心，始终积极认真地展开探索。

每一个 STEAM 人才都是如此的魅力无穷，无法被片面地定义为"优秀的科学家"或者"杰出的企业家"。他们擅长融合多个看起来毫无关联的领域，总是富有活力，并且对于"不完美"的事情更为包容。

STEAM 一词近来越来越多地被世界各地的政府机构和新闻媒体所提及，社会中围绕是否应该展开STEAM 教育也兴起了热烈的讨论。

例如，有些中学在上数学课时不再单纯传授解题方法，而是教导学生折纸，以便使其理解几何的立体概念。这类附加的艺术、人文等元素一改传统理科的教学方式，有助于加深学生对抽象知识的掌握程度。这对于文理分科的教育方式来说更具有划时代的意义，文理结合、拓宽知识领域的新型教育模式初现曙光。

然而，STEAM 并不是简单地将文理学科糅合在一起。实际上，立足 STEAM 理念的本质核心并予以执行的案例在当今社会上还是少之又少。

其实，即便在发源地美国，STEAM 也才刚刚起步，各类相关的讨论和提议层出不穷。

STEAM 中的"A"对应的艺术可谓千姿百态，既包含绘画、雕刻、美术等造型艺术，又包括音乐等声乐艺术，还包括电视、电影艺术等。此外，文学、哲学等文科（含个人修养等）也属于广义的艺术范畴。

值得一提的是，普林斯顿大学（Princeton University）把文科定义为人类探索所有知识的温床。普林斯顿大学名誉教授佩里·库克（Perry Cook）基于传统教育中培养科学家和工程师的初衷，补充了对艺术、人文（Humanities）、伦理（Ethics）、冒险精神（Risk-taking）的训练，提出的新型教育理念"SHTEAMER"，就是STEAM 的雏形。

培养 STEAM 人才的核心三要素

关于 STEAM 的理论众多，在本书中，笔者力图找出 STEAM 人才最重要的核心本质，并以通俗易懂的方式介绍给大家。首先，我们可以从以下 3 个方面了解什么样的人才是 STEAM 人才。

STEAM 人才作为 21 世纪新型的人文主义者，首先要坚持以人为本（人文主义）的积极探索精神。其次，他们要具备创新思维，进而不断引领各领域的技术变革。再次，他们要推崇"设计思考"的思想，以设计来推动创新和进步。

既是重视人性的人文主义者，又是创新者，还是设计者。三者融为一体，才构成笔者心中终极 STEAM 人才的理想形象。

以上 3 个方面分别代表了 STEAM 的"目的（新型人文主义）""思维（创新思维）"和"方法（设计思考）"，笔者将在第 2 章到第 4 章中依次展开详细说明。

"希望造福于人""渴望改善人们的生活"——在硅谷大显身手的 STEAM 人才普遍具有这样的热情。而且，对于"究竟何为人性"这个没有答案的问题，他们满怀探索的激情。

笔者认为对上述问题的探求即是 21 世纪新型人文主义的表现。在追求真理的过程中，STEAM 人才可以跳出自身专业，从科学、技术、工程、数学、艺术、设计等多角度出发，通过一定的技巧和方法进行大胆创新。

STEAM 掌握当下先进技术，结合艺术的感性元素和具有划时代意义的巧妙设计，为人类社会的发展和进步作出卓越的贡献。他们始终秉持想要密切人与人之间联系的理念，为此所有的努力都是基于他们对全人类的爱。

或许表现各异，实则殊途同归。关于 STEAM 人才的新型人文主义情怀，笔者会在第 2 章中具体介绍。

活跃于多个领域的 STEAM 人才大多具有创新思维，可以不断地在研究过程中推陈出新。

许多 STEAM 人才的职业轨迹并非是一条直线，他们一生都在追问"为什么"，跨界和创新实属常见。他们以海纳百川的心态吸收和融合各种知识、技术、观点，把人们从惯性思维中解放出来，为人类和社会树立全新的人才培养典范。

思维不拘一格（think out of the box），勇于尝试（give it a try），在失败中前进（fail forward）……此类精神和想法堪称 STEAM 人才的特征，详见第 3 章的介绍。

同时，STEAM 人才在为人类作贡献的时候会下意识地采用一些独特的方法。在本书中，笔者以近年流行的"设计思考"对其加以概括。所谓设计思考，就是发掘用户自身都未能意识到的潜在需求，从而不断推动形成全新的发明创造。

由于引入了设计人员的思维方式，所以一系列突破和创新应运而生，而这需要 STEAM 人才的内心达到一定的境界才能做到。把设计思考落到实处的 STEAM 人才始终从用户的角度出发，善于倾听用户的心声，并能从中有所发现，提交设计后还会认真分析用户的反馈，继而加以改良，有关这种思维方式的具体介绍会在第 4 章中展开。

21 世纪是人类历史上前所未有的重大变革时期，科学技术日新月异。直面时代的巨浪，我们的首要目标并不是开发新型商品以赢得竞争，也不是研发更多技术以满足物质需求，而是要把整个世界打造成适合全人类安心居住的场所。

研发真正能够造福于人的事物、不断追问自己"究竟何为人性"、深化自身的专业知识、满怀热忱地投身于各项事业的研究之中，这正是处于时代前沿的 STEAM 人才理应具备的风采。作为 21 世纪的领军人物，只有STEAM 人才方能指明后信息化时代的发展方向。

第 2 章

新型人文主义——重视人性的思想

全球盛行的 STEM 教育

从本章开始，我们将逐步接近 STEAM 的本质核心。在此之前，首先需要了解一下 STEAM 的前身——STEM。

剖析美国教育界从 STEM 到 STEAM 的发展过程，归根结底在于"重视人性""激发人类潜力""坚持反问自己何为人性"等精神日趋重要。本书将此归纳为 21 世纪的新型人文主义。

STEM 取自科学、技术、工程、数学 4 个英文单词的首字母。顾名思义，这个教育理念注重培养实用的知识和技能，认为只要学好并掌握这 4 个领域的专业知识就能提高科技生产力。

在 21 世纪的大幕拉开之前，这个概念常被美国等多国教育从业者及政府官员提及，堪称全球流行的一种教育理念。

在第二次世界大战结束之前，美国便已预见今后的世界将展开科学和技术的竞争，为此出台了各种扶持科教发展的政策。1957 年，苏联成功发射了人类历史上第一颗人造卫星——斯普特尼克一号（Спутник-1），这对美国无疑是一次巨大的打击。出于对军备竞赛的危机感，提升科学及数学等领域的教育水平势在必行，全美为此掀起了一场热烈的讨论。

迈入 21 世纪，随着国际教育评估的兴起，美国的科学、技术和教育再度迎来高速发展。教育产业人士提议，在传统科学、技术、数学的基础上引入工程等实用科学的教育，有助于学生更为全面地掌握科学技术。

自此，机械工程、电子工程等学科被列入高等教育范围，而工程学则成为义务教育的必修学科。可以说，STEM 教育理念的初衷正是切实提升国民的科学技术水平。

按照科学（S）、数学（M）、工程（E）、技术（T）的排序，这套理论最初被命名为"SMET"。但是，由于其发音与"SMUT（污秽）"相近，美国国家科学基金会（National Science Foundation，NSF）负责制定课

程的朱迪思·拉玛莉（Judith Ramaley）建议将其改为
"STEM"。值得一提的是，拉玛莉本身也是一名精通
生物学的科研工作者。

STEM 在英语中有"茎干"的意思，这种用法堪称
一语双关。若想把人才培养成参天大树，离不开科学、
技术、工程和数学的支撑。自此以后，STEM 迅速成为
美国教育界的流行语，如今已传至世界各地，堪称一门
核心的教育理论。

国际教育评估的普及

STEM 教育的理念之所以能在 21 世纪初风靡全球，
与国际教育评估的影响密不可分。其中，"国际学生评估
项目（Programme for International Student Assessment，
PISA）"与"国际数学与科学趋势研究（Trends in
International Mathematics and Science Study，TIMSS）"
这两项调查受到许多国家的重视。

国际学生评估项目始于 1997 年，第一次评估于 2000

年举办，后由经济合作与发展组织（Organisation for Economic Cooperation and Development，OECD）每 3 年组织一次，测评对象为完成义务教育的 15 岁学生。评估涉及诸多成员国及一些非成员国家和地区，主要考查学生的"阅读理解能力""数学""科学""解决问题的能力"等，旨在于全球范围内比较学生的学习能力，进而改善各国的教育体系。

国际数学与科学趋势研究由 1996 年成立的国际教育成就评价协会（International Association for the Evaluation of Educational Achievement，IEA）组织，面向小学四年级和初中二年级的学生，每 4 年组织一次测评，重点考查数学及理科教育，评估学生对从课堂习得的知识和技能的熟练度。该项评估对各国教育政策的制定影响重大，2018 年其评估范围已涵盖了 80 个国家及地区。

国际学生评估项目关注的是批判性思考及运用的学习技巧，而国际数学与科学趋势研究则侧重于各国教学课程的"内容"，两者的宗旨和侧重点大相径庭。

随着此类评估的深入，各国得以纵向对比学生的学习能力，客观把握本国的教育水平。在测评结果的鞭策下，一些国家把教育改革和人才培养提上日程，对于未来教育发展的新讨论也正如火如荼地展开。

基于这两项评估的影响力，旨在提升学生科技知识储备的 STEM 教育被许多国家奉为基本的教育战略，迅速风靡全球。在 STEM 教育体系的培养下，掌握专业技巧的学生数量与日俱增，积极创新、可作为信息化社会中流砥柱的人才大量涌现。不论是大学和研究生院，高中、初中、小学甚至幼儿园的学生都被纳入了 STEM 的教育体系，意味着 STEM 教育水平从国家层面开始提升。

2004 年，英国政府颁布《2004—2014 年科学与创新投资框架》（*Science & Innovation Investment Framework 2004—2014*）。由此，物理、化学和生物成为许多大学招生的必考科目（英国没有全国性高考，取而代之的是高校自主招生考试）。紧随其后，德国、法国、荷兰、爱尔兰、西班牙、芬兰等欧洲国家纷纷出台各类深化 STEM 教育的政策。此外，常年位居国际教育评估排行榜前列的中国、韩国、澳大利亚等国也在逐步引入 STEM 教育体系并把它作为教育政策的核心。

笔者曾对世界各地的教育从业者进行采访和调查。据悉，新西兰、博茨瓦纳、伊朗正在计划扩大相关项目，改进数学和科学的教学课程。

乌云密布的美国 STEM 人才培养状况

面对国际学生评估项目的测评结果，美国深感危机重重。

2000 年共有 28 个国家和地区参与评估，美国的排名分别是"科学"第 14 位、"数学"第 18 位。而在 2006 年，参与评估的国家和地区增加到 30 多个，美国的"科学"和"数学"排名更是分别跌至第 21 位和第 24 位，教育形势不容乐观。

美国十分重视技术创新，领导美国走向独立的政治家托马斯·杰斐逊（Thomas Jefferson）就是一名工程师，便携式书桌、旋转座椅等日用品均是他的发明。在参与制定宪法时，他极为重视对个人发明的保护，亲自推动了多项相关条款的确立。

因此，国际学生评估项目的这份结果让美国教育界无法等闲视之，担忧美国前途命运的声音此起彼伏。围绕 STEM 领域的教育问题，美国学术界、财政界频频展开对教育改革的讨论。

2005 年，作为美国科学技术咨询机构的龙头，美国国家科学院（National Academy of Sciences，NAS）率先提出改善美国学生在 STEM 领域学习能力下降的建议，号召努力提升科学和数学的教育水平，把从幼儿园（Kindergarten）到高中三年级的 13 年（简称"K-12"）全部纳入该教育体系。如此一来，掌握 STEM 领域专业知识的学生按照计划将大幅增加。

在各方的推动下，时任美国总统乔治·沃克·布什（George Walker Bush）发表了旨在提升 STEM 教育水平的《美国竞争力计划》（*American Competitiveness Initiative*）。2007 年，美国国会通过了《美国竞争法》[①]，正式把从幼儿园到研究生院的教育阶段全部纳入 STEM 教育体系，全力培养创新型人才。

在《美国竞争法》的支持下，美国国内各大教育机构踊跃响应新政。中小学积极推进 STEM 课程的改革，高中

---

① 即《为有意义地促进一流的技术、教育与科学创造机会法》（*America Creating Opportunities to Meaningfully Promote Excellence in Technology, Education, and Science Act*），该法案的缩写在英语中恰好为"竞争"一词，所以又被称作《美国竞争法》。

则在授课时引入相当于大学水平的科学、数学、工程学科的内容，对教师的培养也以顺应 STEM 新潮流为导向。

然而，美国在 2009 年国际学生评估项目中的排名依然止不住下降的颓势。对"数学"的综合评分竟然只获得了 481 分，低于全球平均水平（494 分），在参加测评的 34 个国家和地区中位居倒数第六。

重压之下，美国国家科学院于 2010 年发布追踪调查报告。在报告中既表达了对本国教育现状的忧虑，又提议借鉴他国的教育经验，重点观察中国在科技领域中取得的进步。

2013 年，把提升 STEM 教育水平及培养人才作为主要施政纲领之一的奥巴马政府展开大刀阔斧的教育改革。同年，美国 STEM 教育委员会通过美国国家科学院向国会提交了一份五年规划，把教育范围从"K-12"扩大至"P-12"，连托儿所（Pre-Kindergarten）都被包含在 STEM 教育体系内。

该规划的全称为《联邦科学、技术、工程和数学（STEM）教育战略五年计划》（*Federal Science, Technology, Engineering, and Mathematics（STEM）Education Strategic Plan*），力图深化美国 STEM 教育的

发展。该规划主要包含如下 5 点内容：

（1）全面补充从托儿所到高中的 STEM 体系教师；

（2）制定吸引更多学生学习 STEM 的政策；

（3）提升大学的 STEM 教育水平；

（4）为女性及少数群体挺进 STEM 领域提供支持；

（5）加强研究生教育，激励更多人从事 STEM 相关职业。

尽管如此，美国近年来的各项教育政策并未取得良好的成效，2015 年的国际学生评估项目结果公布，美国的排名依旧呈下降趋势。

从 STEM 到 STEAM

2013 年 2 月，美国国内围绕改革 STEM 教育争得不可开交之时，奉行新型教育理念的超党派议员联线已经悄然形成。

抱着改革 STEM、提高教育水平的理念，吸收新元素的 STEAM 逐渐开始流行。它一改传统的学习方式，被视为今后人才培养的关键理念。

在科学、技术、工程、数学的基础上引入"艺术"，STEAM 由此横空出世。

在第 1 章中，笔者曾介绍 3 位杰出的 STEAM 人才代表——前田、王戈和松冈容子。这 3 人的共同特点就是从艺术的角度解读 STEM 领域最先进的科学、技术、工程和数学知识，从而形成了前所未有的独特创造。

值得一提的是，除了"蒸汽"和"雾气"的释义，STEAM 在英语中也有来势汹汹、势不可挡的意思。

18 世纪发生的第一次工业革命正是以蒸汽机（steam engine）为标志，20 世纪兴起的计算机把人类带入信息化时代。而迈入 21 世纪的后信息化时代，STEAM 再度成为掌握历史进程的关键，真是一种耐人寻味的循环。

以往，人们常认为科学和艺术（包括人文学科）是水火不容的。艺术给人以主观、直观等感性的印象，而科学则是客观和理性的，二者形成了鲜明的对比。

诚然，客观性是科学的核心要素。在科学实验中，如果重复同样的实验步骤却不能得到相同的结果，则不能视为发现了客观真理。2014 年那场围绕 STAP 细胞是否存在展开的激烈争论①至今令人记忆犹新。

与之相对，如果采用与某位作者相同的手法进行艺术创作，那只能称作"模仿"。任凭谁来临摹莱昂纳多·达·芬奇的《蒙娜丽莎》，终究无法达到与原作一般令人叹为观止的艺术高度。

近来，在教育和人才培养的领域，已有将科学和艺术相结合的趋势。

"把握对象的特征""使其意义得到升华""展开客观分析""用身体去感受"等这些艺术家在艺术创作领域倡导的技巧，对于科学、数学、工程等 STEM 领域的学习来说同样值得借鉴。而且，绘画等视觉艺术的训练也有助于增强空间立体感。

以分子生物物理学、生化学专家韦罗妮卡·塞加拉（Veronica A.Segarra）为首的团队研究发现：想要利用"视觉"把握事物的特征和本质，除了解决问题能力和沟通技巧外，视觉艺术同样发挥着重要的作用。而且，

① STAP 细胞事件：2014 年 1 月，日本理化学研究所再生科学综合研究中心由小保方晴子带领的课题组宣布成功制作出全新"万能细胞"——STAP 细胞。后因同行科学家质疑，日本理化学研究所展开调查。2014 年 4 月 1 日，调查委员会发布结果，小保方晴子在 STAP 细胞论文中存在篡改、捏造等不正当行为。同年 6 月 3 日，日本理化学研究所正式宣布，按小保方晴子发表的 STAP 论文的方法无法复制"STAP"细胞，此事件就此定论。

空间艺术、平面艺术可以从三维的立体角度把握事物，有助于催生出全新的创造发明。

此外，音乐教育与培养数学能力间的关联性也耐人寻味。哈佛大学心理学家伊丽莎白·斯佩克（Elizabeth Spelke）对两组学生进行比较研究，其中一组受过高水平的音乐教育，另一组则完全没有。结果，无论是识别几何图形的特性，还是估算两点之间的直线距离，或者找出平面图形间的关联，受过音乐教育的学生明显具有更强的空间把握能力，测试得分也更高。

艺术领域的训练还有助于学习和增强记忆力。根据迈阿密大学（University of Miami）心理学、神经学家约翰·乔纳斯（John Jonides）的调查结果，音乐和表演的训练同样可以锻炼记忆力。在反复排练中，被试者的记忆力和语言表达能力得到了显著提高。

表演训练与语言表达能力（尤其是叙事能力）的紧密关联已经得到证明。以俄勒冈大学（University of Oregon）心理学家迈克尔·波斯纳（Michael Posner）为首的研究团队发现：对于戏剧、舞蹈等表演艺术抱有兴趣的学生在学习中更加积极主动，更容易集中注意力，表达能力和认知能力也更强。

艺术对于提升社交能力同样至关重要。艺术训练有助于提升学生的自信和沟通能力，可以使其与他人进行更好的合作。有关调查显示，喜欢参加艺术活动的学生具有更高的学习热情。

还有人甚至把艺术视为可以提升一切学习能力的捷径。在突破传统教育范畴的基础上，研究人员也把视线延伸到脑科学的领域，探索表演、舞蹈、音乐等艺术领域与大脑中的各种沟回之间的联系。

鉴于各方对艺术教育与 STEM 的增益关系的讨论愈演愈烈，经济合作与发展组织汇总了近年来的评估成果，于 2013 年发布了相关报告。虽然没有明确指出艺术领域的训练有助于提升学习能力，但是报告在进一步细分的领域中间接确认了艺术的效果，例如，听音训练能使学生的注意力更加集中，学习乐理知识有助于学生建立起知识体系、增强学习能力。

可以说，教育领域近年来的动态及关注点深深影响着 STEAM 的演变，并通过它的教育理念变化得以体现。

重视人性思想的 STEAM

看到这里，也许有不少读者会认为"STEM 不就是理科教育嘛"，或者"STEAM 就是在理科的基础上加一门艺术"。

日本以"文科"指代人文学科，与之相对的统称为"理科"。然而，STEM 与理科乍看相似，其实不同。由于其还包含技术和工程，把 STEM 翻译成"数理化"或者"理工科"也并不准确。

实际上，在重视数学和理工科的同时，对艺术、人文等广泛的领域均有涉及，这是 STEM 和 STEAM 这两种教育理念的特征之一。

STEM 并不强调以单一学科为主，而是侧重于融合多项领域的知识，以此实现协同效应。

若要把握从 STEM 到 STEAM 的潮流，关键在于把"重视人性"奉为思想和行为的准则，换言之即遵循人文主义（humanism）。在本书中，笔者将此定义为 STEAM 的目标。

其实，STEM 与艺术的融合从来就不是实现 STEAM 的手段或目标，它真正追求的目标是"造福于人"。

从第 1 章登场的 3 位 STEAM 精英的经历中不难发现，除了掌握最先进的科学技术外，他们也满怀"为人类作贡献"和"让生活更美好"的热情。

为什么时至今日如此强调"人性"？因为数学、理科、艺术、人文等只是在历史长河中随着人类文明不断进步的产物，而人类的本质始终不变。因此，追根溯源、着眼于最基础的人性本身，这才是 STEAM 想要实现的真正目标。

现如今，人工智能在语音及图像识别、翻译等领域与人类不相上下，甚至更优。人与机器的职能边界日渐模糊，此时反问"究竟何为人性"更具重要的意义。

在人工智能时代强调以人为本、找回人性，新型人文主义的热潮方兴未艾，而高擎大旗的正是新型人文主义者——STEAM 人才。

如此重视人性并非一时性起、心血来潮。自 18 世纪后半段的第一次工业革命以来，大量劣质产品涌入市场，挤走能工巧匠的心血之作。同时，科技进步也带来各种杀伤性武器，导致战争的惨烈程度愈发惊人。

在后信息化时代，反思"理性第一"的合理主义、重新审视人生价值及生活方式、追求社会性和伦理性的热潮兴起（详见第 4 章）。在笔者看来，当今 STEAM 的人文主义精神正是这股思潮的传承。

伴随着科学和技术取得令人惊叹的进步，我们所处的环境也正在经历前所未有的巨大变革，因此，能够认清问题的本质以寻找创造性的对策、观点新颖又不拘一格的人才必不可少，能够从艺术和人文的角度发散思维、巧妙设计的人才同样不可或缺。

人文主义教育的先驱——金·萨克斯

在从 STEM 到 STEAM 的演变过程中，人文主义精神发挥了至关重要的作用。为了更好地理解这一点，有必要再介绍一位在硅谷格外耀眼的 STEAM 人才——美国中学教育改革的先驱金·萨克斯（Kim Saxe）。

萨克斯既是教育家，又是工程师，还是艺术家。他将 STEM 与艺术相结合，为下一代积极设计各类教学模式。

萨克斯出生于硅谷的帕洛阿托（Palo Alto），在斯坦福大学工程学院修习完电子工程和工业工程后，于当地的软件公司担任研发部长。出于对教育的热爱，他还在母校开设公开课，专门为研究生讲解创造发明的思考方法。

约 20 年前，萨克斯转战中学教育，把"设计思考"引入努艾瓦学校（Nueva School），积极开发各类课程，同时开办创新实验室（Innovation Laboratory，I-Lab）（详见第 5 章）。

创新实验室堪称硅谷 STEAM 教育的大型"实验田"。教室内配备最先进的仪器，学生们午休时可以在此制作机器人。

之后，萨克斯推出被誉为 STEAM 教育先驱课程的企业家培训项目，教室就设置在创新实验室。

值得一提的是，萨克斯描绘的教育愿景并不是单纯让学生学会科学、技术等 STEM 领域的知识和工具。

自称为"教育先驱"的萨克斯重视人性，他认为，激发人类自身的潜力才是教育的真正作用。努艾瓦学校的创新实验室也把"了解人类"的教育理念推向了极致。

萨克斯的世界观在很大程度上受到其父亲罗纳德·霍华德（Ronald Howard）的影响，德高望重的霍华德教授至今仍在斯坦福大学教书育人。他于 20 世纪 60 年代提出"决策分析（Decision Analysis）"理论，教导个人及企业如何在不确定的情况下作出高质量的决策，并且始终强调："选择终究由人的意志决定，因此才能发挥作用。"

在认识到人类的意义及真正价值之后，有识之士从科学、技术、工程、数学、艺术、设计等领域出发，借助技术和方法进行大胆创新。这正是从 STEM 到 STEAM 转变的本质，而且根源就来自前文所述的新型人文主义。参照第 1 章介绍的社会发展阶段，STEM 教育基本对应信息社会，而 STEAM 的理念也符合超智能社会的时代需求。

STEAM 的核心精神——共情

胡艺云是优衣库的一名服装设计师。

由于她的母亲在香港经营着一家面积不大的服装店，所以她从小就喜欢设计，在东京和上海学习深造后，最终成为一名职业设计师。童年时代的胡艺云完全凭着个人喜好进行创造，如今则更注重"站在用户的角度上进行设计"。

"无论自己对作品多么满意，卖不出去就只能当作垃圾处理，没有存在于世的必要。因此，需要满怀对用户的热爱来用心设计。我相信，只要在设计中饱含对人和这个世界的爱，那么购买产品的顾客也一定能对此产生共鸣。"

在研发部门经过历练后，胡艺云如今与知名设计师田岛花（Hana Tajima）合作，负责下衣的设计。而且，她还参与制作优衣库的畅销杂志《服饰人生》（Life Wear），力求使设计更加贴近生活。例如，为追求美丽的女士设计特别的冬季裙子，在保暖羊毛底料中加入特殊的丝线，以达到防静电的效果。顾客试穿之后非常满意，表示再也不用担心冬天搭配紧身裤会产生静电的问题了。

设计连接着顾客与设计师的心情，因此爱心在设计中就显得至关重要。希望顾客每天开心、生活更加美好，带着感同身受的心情认真设计，就可以从中收获巨大的成就感。

此中的关键在于具备"共情"能力，即与他人的心情、立场等产生共鸣。只有尊重人、爱护人、乐于助人，才能与他人产生共情。在问题尚不明朗时，摸索解决方案的人往往处于混沌之中，而"共情"就是引领人找到正确方向的指南针。基于共情展开创造发明，这既是 STEAM 人才的特质，也是促进高效创新的动力源泉。

STEAM 人才的关注点往往是人类本身，他们努力造福于人的根源在于渴望密切人类联系的人文主义精神。

在设计咨询领域引领世界的 IDEO 公司[①] 认为，今后业务发展的关键在于平衡 3 个要素，即经济可行性、技术可行性以及对人的实用性。

其中，对人的实用性意味着不以"做什么（What）"和"怎么做（How）"作为设计的出发点，而是思考"为什么而创作（Why）"。

在第 1 章提及的技术专家松冈容子对这个观点颇为重视。在研发人工智能技术时，她常常反问自己："为什么要这么做？"如果不是从造福于人的人文主义角度出发，单凭技术创新未必能给人们带来幸福。

经济的发展带来了给人便利的商品和服务，飞速改善了人们的生活。可持续发展是 21 世纪的主题，因此，"为什么而创作"的反思对于发明家来说尤为重要。由此可见，STEAM 人才的积极活动总能给我们带来许多重大的发现。

---

① IDEO 是全球顶尖的设计咨询公司，以产品发展及创新见长，成立于 1991 年，由 3 家设计公司合并而成，分别是大卫·凯利设计室、ID TWO 设计公司和 Matrix 产品设计公司。

第 3 章

创新思维引领未来

STEAM 人才是创新者

迄今为止，笔者已结识多位活跃于硅谷的 STEAM 人才，且了解过他们的传奇经历。从中可以总结出一点，即 STEAM 人才通常具备多种能力，活跃于各种领域，而且每个人都是坚持创造发明的创新者。

围绕"创新"和"创新者"这两个关键词，本章旨在剖析 STEAM 人才的思想，探讨他们在思考什么、掌握了何种能力以及从事了哪些活动。

曾几何时，创新一词被视为天才的专利，如今这已经成为现代社会对人才的基本要求。而且，基于从 STEM 到 STEAM 的新型教育，创新对人才来说大有实现的可能，下面要讲解的"创新思维"也完全可以被大家所了解和掌握。

出奇制胜的硅谷独角兽公司——爱彼迎

在资本市场，企业估值超过 10 亿美元的未上市创业公司实属凤毛麟角，人们称之为独角兽公司。

如今，提倡共享出行的优步、提供网络资源储存及共享的多宝箱、兴起图片社交分享的网站 Pinterrest 等新兴企业纷纷加入独角兽公司的行列。

毋庸置疑，它们都具备划时代的创新理念，也开创了前所未有的业务领域。

每一家独角兽公司的负责人都是不拘一格、敢于创新的。脸书和推特等社交网络改变了人们的沟通方式，多宝箱的全新网络服务给人们的工作和生活带来了便利，优步则开创了共享经济的新型商务模式。

诞生于硅谷，成长为独角兽公司，这些企业无一不是具备无穷的创意和奇思妙想，由此掀起了 21 世纪的创新热潮。

把离经叛道的设想转化成商业模式，这样的设计能力正是独角兽企业在硅谷兴起的秘诀。那些人人摇头的设想未必没有潜在的实现空间，"仔细一想确实方便""或许有用"等想法偶尔也会出现在我们的脑海里，其实如果加以巧妙设计，这些设想或许就可以颠覆现有的模式和标准，进而实现彻底的创新。

作为 STEAM 人才培养独角兽公司的经典案例，爱彼迎（该名称最开始由"气垫床 + 早餐"的理念组合而来，即 AirBed+Breakfast=Airbnb）的创业神话值得一提。

机遇与坚毅成就新模式崛起

一头是希望短期出租自身住房以赚取收入的房东，另一头是想要寻找便捷、廉价住宿的旅客，爱彼迎成功发掘了双方的潜在需求，为二者搭建起一座桥梁。虽说如今爱彼迎的市值已达 38 亿美元，但在创业之初，爱彼迎在市场中却是反响平平、举步维艰。

把时钟拨回到 2007 年，来到房地产行业处于发展高位的旧金山，我们的主人公是两位刚从美国罗德岛设计学院毕业的年轻设计师——乔·杰比亚（Joe Gebbia）和布莱恩·切斯基（Brian Chesky）。当时，两人正为房东宣布租金涨价的坏消息而发愁。

恰逢大型工业设计博览会召开在即，杰比亚灵机一动，向室友提议说："我们要不要给来参加博览会的同行提供廉价住宿，顺便给他们当导游？"切斯基当即表示同意："这个主意太棒了！"

他们迅速建起了相关网站，把买来的 3 张气垫床并排放在客厅里，然后对外出租。一晚的租金仅需 80 美元，所以很快就有 3 人报名。其中一位租客与他们交谈甚欢，还帮助他们准备宣传资料。

虽然相识纯属偶然，却也是一段缘分。在送走客人后，杰比亚与切斯基不禁相视而笑："也许这就是商机！"

他们立即与曾经的室友、具有创业经验的内森·布莱卡斯亚克（Nathan Blecharczyk）取得联系。于是，哈佛大学计算机科学专业出身的布莱卡斯亚克成为爱彼迎的技术负责人（CTO），爱彼迎三巨头就此结成。

然而，在把创意转化为业务模式的探索中，他们频频碰壁。毕竟，把私人空间出租给素不相识的外人，这对当时的人们来说实在难以接受。

三人为了募集资金而东奔西走，在宣传商业计划时曾被人嘲笑："从没见过这么违背常识的想法。"在他们联系的 15 位天使投资人中，8 人认为"太不现实"而断然回绝，剩下 7 人则干脆置之不理。

2008 年恰逢美国总统大选，民主党大会在科罗拉多州的丹佛市召开。他们三人预计当地酒店会被订满，于是再次推出"B&B（气垫床＋早餐）"的服务。但是，这一次却无人申请，筹集的借款白白打了水漂。

当时，布莱卡斯亚克与未婚妻举家搬迁至波士顿，所以仅剩杰比亚和切斯基苦思对策。无奈之下，他们设计了总统候选人的漫画形象，并且将其印到"限量早餐麦片"的包装盒上，虽然这些行为都背离了民宿业务的初衷。

凭借出色的设计才能，杰比亚与切斯基绘制了时任民主党候选人奥巴马及共和党候选人麦凯恩号召大家投票的漫画形象，印刷则交给刚从罗德岛设计学院毕业的校友。麦片包装盒的背面印着自家民宿的详细信息，总共印了 1000 个。然后，他们从超市买来特价促销的麦片，套上自制的包装盒后对外出售。

这招可谓出奇制胜，原价仅售 1 美元的奥巴马麦片被炒到了 40 美元，在网上甚至出现了竞拍，最终总计卖出3 万美元，总算缓解了他们的燃眉之急。或许是受广告效应的带动，在民主党大会期间申请"气垫床＋早餐"的旅客逐渐增多。他们本以为民宿业务会渐入佳境，但是在大会结束之后，这项业务又回到无人问津的尴尬局面了。

二人的生活顿时陷入了窘境，只能干吃没卖完的麦片充饥，连牛奶都买不起。据说，切斯基在 1 年内瘦了20 斤。即便如此，他们依然从早到晚研究各种发展战略，连投资人也被他们的这种坚持打动了。

其中，创业家保罗·格雷厄姆（Paul Graham）对麦片包装盒的促销战略极为欣赏，引荐他们加盟硅谷内素有创业培训营之称的"Y Combinator"。"Y Combinator"是格雷厄姆于2005年创办的创业孵化器（创业支持机构）。杰比亚与切斯基于 2009 年如愿拿到初期投资，成功迈出创业的第一步。

预订住宿的网站起初无人问津，所以他们不得不多次修改系统，反复设计招租页面。为了克服困难、打破束缚，他们屡屡转变思路，不屈不挠地重新构建更合适的方案。

杰比亚和切斯基第一次招租是让素不相识的租客住到家中，在短时间内与租客建立人际关系，这份难得的体验让人既兴奋又感动。

然而，把陌生人请进家门的做法确实有悖常理。一般来说，人们会先入为主地认为："对不熟悉的人需要多加小心。"不过，爱彼迎的创业者们在不断试错的过程中逐渐发现了消除不安和偏见的办法。杰比亚和切斯基在罗德岛设计学院主修艺术，深知设计可以改变人们的体验，所以决心打造能够让人们彼此信赖的平台。

他们发现，若想获得用户的信赖，公开"适量信息"及"他人评价"至关重要。

即便素未谋面，如果对方公布了自己的姓名、出生地、宠物的名字等个人信息，同时又有来自150名用户的好评的话，给人的印象应该会不错吧？

为了方便房东和租客的交流，爱彼迎的官网对点评字数等细节都进行了精心的设计。

以用户点评为例，其实差评往往未必反映真实情况。爱彼迎的创业者们通过不断摸索逐渐建立并完善了网站互评系统。不仅用户可以评价房东，房东也能评价用户，且在互评完成前不公开内容。由此，网站信息的可靠性得到了保证。

通过设计实现创业设想，并在不断的试错中产生新的想法。正是这样的坚持打动了硅谷的投资家，最终促成这样的商业奇迹。

值得一提的是，"Y Combinator"的格雷厄姆也有在罗德岛设计学院求学的经历，至于该校和爱彼迎这家独角兽公司的诞生是否存在关联，引人遐思。

核心理念——"出租体验"的设计

爱彼迎的总部位于旧金山的东部设计园，踏入大门之后，人们很难不被其天马行空的设计风格所吸引。

面朝中庭广场，各类样板房纵横交错。既有模仿纽约超人气公寓布置的起居室，也有以新奥尔良、上海等热门城市为主题的家具展览和民俗演出展区，感觉就像搭积木一般堆叠。从爱彼迎最上层的栏杆处俯瞰广场，仿佛全世界的各类房屋都汇集于此，令人叹为观止。

正如当初杰比亚和切斯基招待旅客一般，爱彼迎的用户可以和房东直接交流，体验萍水相逢的别样感觉。

其中的特别之处或许在于人们可以发现这种新奇体验带来的无形的价值。"出租体验"的模式演变至今已呈多元化趋势，除了房间、公寓、别墅外，码头、树屋、帐篷等均可出租。你可以在北方的冰天雪地中于圆顶雪屋歇脚，几周后再租下南方一整座小岛尽情嬉戏——"体验前所未有的感觉"正是爱彼迎的业务发展战略。

近年来，爱彼迎更是连本土特色文化体验都可以打包出租，如料理培训、音乐鉴赏、山中徒步等。在爱彼迎总部的一角，专门有一面墙张贴各类设计精美的海报。"哈瓦那夜晚的天籁之音""佛罗伦萨的无麸质美食之旅""在京都亲手制作和式点心"等各类吸引眼球的活动无不鼓舞着用户去体验非比寻常的环球之旅。

入住当地且和房东充分交流，能使用户真正体会到富有地方特色的音乐、美食等文化。爱彼迎致力于打造值得信赖的平台、促进人际交往，而细致用心的设计让这一切成为可能。

从 STEAM 中诞生出的创新思想

笔者在本章的开篇就提出，理解 STEAM 人才的重要关键词之一是"创新"。虽然媒体和网络中多有提及，但究竟怎样才算是创新？我们不妨来看一下。

创新（innovate）作动词时，在《剑桥英语学习词典》（日本版）中被定义为"产生变化或新观点"。《牛津英语词典》（日本版）对此的解释则是：

- 制造变化，产生新事物；

- 创造前所未有的新事物；

- 引入新方法，改变现有事物。

在日本，人们习惯把在现场积累技术经验、努力解决问题的行为视为创新。日系企业引以为豪的"改善"正是基于这种模式。诚然，迄今为止的社会变革大多源自有志于解决问题的努力，但面对难题思考对策，这最多只能算是"渐进性创新"。

在经济合作与发展组织发布的《奥斯陆手册（第 3版）》（*Oslo Manual, 3rd edition*）中，创新被定义为基于企业活动而使"产品""服务"和"工艺"等发生任意变化的行为。

经济学家约瑟夫·熊彼特（Joseph Schumpeter）对经济活动中的创新作了定义：通过前所未有的方法实现生产方式、资源、劳动力等的"重新组合"。他认为创新具体可以分为 5 类：

- 研发新产品；

- 引入新的生产方法；

- 开拓新市场；

- 获得原料或半成品的新供给来源；

- 实现新型组织模式。

"无论把多少邮政马车连在一起，终究不能连成一条铁路。"熊彼特对创新"具有划时代意义"的一面极为重视。他把重新组合生产要素、替换现有模式的过程称为"创造性破坏（creative destruction）"，坚称不断破坏旧的经济结构、推陈出新才是经济持续增长的保证。

本书采纳"划时代的创新"一说，认为它是由融合各领域的 STEAM 人才所创造的，其结果也与渐进性创新存在本质区别，而且具有非连续性。

此外，创新的主体不单指企业，组织和个人同样可以创造发明。划时代的创新就是指在各个领域都能带来新的变化，包括教育、社会体系等。

在日本，innovation 被译为"技术革新"，但有人指出，这多少有些偏离原意，还是"创新"更为准确。

即便课题和问题不甚明朗，STEAM 人才也能找到新的切入点，挖掘潜在需求，提出新的观念。换言之，在现有设想的基础上发掘意想不到的新事物，这正是本书所定义的创新，而从事此类活动的人才便是创新者。

　　创新理论的研究学者克莱顿·克里斯滕森（Clayton M.Christensen）指出，打破当前发展结构和模式的创新者普遍具有"把看起来毫不相干的事物联系到一起、提出独到见解"的能力。

　　能从毫无关联的事物中寻找出联系，STEAM 人才的思路自然与众不同。

STEAM 人才的创新思维

　　STEAM 人才可以提出独到见解，源源不断地实现创新。那么，他们平时都在思考什么，掌握了何种能力，又从事了哪些活动呢？

　　在与活跃于社会各行各业的 STEAM 人才多方接触后，笔者发现他们普遍具有"创新思维"，主要可以分为如下 3 类：

- 思维不拘一格型（think out of the box）；

- 勇于尝试型（give it a try）；

- 在失败中前进型（fail forward）。

思维不拘一格型

创新者思想自由，不受既有价值观的束缚，英语中称之为"think out of the box"。如果受制于常识、规范等"盒子（box）"，那就只会墨守成规，难以发散思维。因此，不拘一格的思想颇为重要。

在对"理所当然"和"含糊其词"加以批判，或者反驳错误的理论前提时，"跳出束缚"这句话大有用武之地。例如，在美国的职场中经常会组织头脑风暴，团队领导的开场白往往就是："让我们跳出束缚、自由思考（Let's think out of the box）！"

安于习惯是人之常情，我们总会在无意识中依赖经验和先例解决问题，从而束缚住自己的想法，将陌生的理念轻易定义为"不知所云"或"未必可行"。但是，如果先入为主地下了这样的结论，创新也就无从谈起了。

那么，怎样才能打破束缚、解放思想呢？关键在于"跨越"当前范围的同时"周游"多个领域。具备这两点 STEAM 人才的特质，也是前田、王戈、松冈容子等人能想他人所未想、实现创造发明的原因。

前田既是图像设计师，又是软件工程师；王戈发明的音频编程语言 Chuck 是计算机科学与艺术相结合的完美典范；松冈容子则整合了机器人研发和神经科学这两门学科，开创了神经机器人学的全新领域。

王戈历时 3 年完成著作《艺术设计：追求崇高的技术》（*Artful Design：Technology in Search of the Sublime*）。该书于 2018 年出版，全彩印刷，附有 1650 张照片。该书编辑凯特·沃尔（Kate Wahl）大胆地将学院的研究活动以"漫画小说"的形式呈现，据说这在斯坦福大学的出版史中还是首次。作为创新者，STEAM 人才始终不拘一格，敢于尝试别人认为不可能的事情。

他们勇于跳出自身习以为常的专业领域、组织结构和价值观，积极思考新的办法。

发现自身的想法或理想与众不同时，人们就会意识到，以往自己觉得理所当然的事情对他人来说未必如此。随着这类体验的积累，人们渐渐就可以破除对自身观念的束缚。

在反复"跨越"和"周游"的过程中，STEAM 人才不断发散思维，在无拘无束的畅想中寻找新的着眼点，继而创造出前所未有的理念或产品。

勇于尝试型

创新者具备极强的执行力，敢于冒险并把想法付诸实践，归根结底就是具有"勇于尝试（give it a try）"的精神。

硅谷近年来格外强调对"不完美"的包容。以商品研发为例，制作完成后即交付，不足之处通过之后的软件更新加以完善。这对注重品质管理、追求尽善尽美的日本文化来说或许是一种巨大的冲击。"摸着石头过河"的慎重固然重要，但是，如果没有那些摸过才舍弃的石头（即创意），创新从何而来？

要想做到"勇于尝试"，原型设计（Prototyping）的方法尤为有效。

所谓原型设计，就是在把创意变为最终产品之前打造试验品，用于团队内研讨或听取用户的反馈。原型设计的表现形式也是多种多样，除了 3D 建模外，还有表现绘画主题的原案或素材、增强用户体验的角色扮演剧本、大型实物模型等。

设计原型的关键在于切勿太费时间。原型终究只是草案，能够帮助他人了解设想的本质即可，因此只需保留最基础的功能和最简单的外形。

虽然还不完美，但至少要敢于向他人（团队成员或用户）展示，从而逐渐养成"勇于尝试"的习惯。

既然是前所未有的创意，那么结果自然难以预料，承受极大的风险也在情理之中。不过，STEAM人才对此毫不畏惧——"先试再说"。

在普林斯顿大学进修博士时，王戈毫不避讳心中所想："我想设计一款能把音乐与计算机技术融合在一起的新型计算机语言。"据其导师佩里·库克回忆，当时面对王戈写在教室白板上的创意，他实在难以表示认同，他认为这风险太大了。

计算机语言的种类已是数不胜数，仅凭设计一种新的计算机语言就想获得博士学位？与库克交谈有此想法的计算机专家为数不少，他无一不是劝他们放弃这种不切实际的课题构想。

不过，库克最后还是答应了王戈。库克的专业是音乐及电子工程，毕业之初曾担任音效设计师。基于自身在多个领域"跨越""周游"的经验，他决心助王戈一臂之力。

库克本人也属于"勇于尝试"的风格，因此这是一段 STEAM 人才联手改变世界的佳话。

在失败中前进型

STEAM 人才的第三条必备精神是"在失败中前进
（fail forward）"。

在硅谷负责科学技术知识产权业务的某法律专家曾
对笔者说："在审核创业者的方案时，投资额是影响风
险投资者决策的重要因素。此外，相比于对技术含量的
关注，投资人更加重视管理层结构。而他们最后要考量
的则是创业者如何面对失败。"

长期见证各路创业公司的兴衰，他的这番言论意味
深长。

回顾第 1 章介绍的几位 STEAM 人才的职业轨迹，
不难发现，他们都有甘冒风险、屡败屡战的斗志。在前
田出任校长之位后不久，罗德岛设计学院便因全球金融
危机而运营困难。2011 年，他还被教授们以 147 比 32
投了压倒性的不信任票。但根据前田的回忆，这也促使
移居硅谷的他融合艺术和技术，探索新的商业模式，并
把这种创新设计转化为资本。

满怀成为女子网球世界冠军的梦想，生于日本的松

冈容子留学美国。在因为伤病而无奈放弃梦想之后，她转而学习机器人研发，从事最先进的人工智能技术的相关研究。要想再现人体运动的精密功能，首先就要了解人脑的构造，于是她果断跨专业钻研神经科学。之后更是把创新的舞台移到商界，先后在谷歌、推特、苹果、Nest 等行业巨头中大显身手。回忆过去的心路历程，松冈形容自己是一边感到迷惘、一边坚决开辟新的道路。

在许多人看来，宽容失败的精神已经深深扎根于硅谷，这也成为它持续发展、不断创新的秘诀，即"在失败中前进"！

"失败"和"前进"乍看是矛盾的，但 STEAM 人才可以吸取失败的教训，修正路线后展开下一步行动。遭遇失败后陷入停滞或倒退等负面状态实属人之常情，但是无论作出怎样的决定，多少需要承担一定的风险。挑战新事物自然要做好面对失败的心理准备，做风险为零的事根本就算不上挑战。

勇于尝试、在失败中前进，这是 STEAM 人才的共性，失败也是进行过挑战和努力的证明。在创新者的眼中，失败反而是一种荣耀。

提起硅谷，20 多岁的创业者一掷千金从而取得成功的传奇可谓让人印象深刻。前文提到的独角兽公司中，有不少公司的创业者都在 20 多岁时拿到了第一桶金。

然而，虽然硅谷被称为"美国梦"的温床，但其实真正在硅谷单枪匹马创业成功的年轻人少之又少，风险投资家青睐的创业团队的平均年龄为 40 岁左右。麻省理工学院的研究团队对 2007 年至 2014 年的 270 万名创业者展开调查，发现他们的平均年龄为 42 岁，而被看好的企业团队的平均年龄则是 45 岁。

可以想象，年过四十的挑战者多少都有过失败的创业尝试，不过也因此积累了创业所需的知识和经验。

体验各类风险、在失败中成长，这样的人才敢于打破惯性思维，才能以天马行空的畅想发掘潜在需求，最终彻底颠覆我们的生活和思想，并带来真正的"划时代创新"。

人人皆可成为创新者

"只有极少数的天才或者杰出人才才能实现创新

吧？"这样的观念一度十分流行。但是，从各类研究和案例中可见，事实可能并非如此。

创新思维可以通过后天的学习加以培养，绝非是先天的才能。甘冒风险、挑战未知的 STEAM 人才就是最好的证明。笔者坚信：只要掌握正确的方法、接受适当的培训，人人都能成为创新者。

美国心理学家卡罗尔·德韦克（Carol S.Dweck）曾经提出："能力可以通过学习和经验的积累得到增长。"经过 20 多年的调查和实验，她已经证明了这一点。

面对难题，有些学生很容易放弃，有些学生则两眼放光渴望挑战。即便经历失败，有些人依然可以无所畏惧地坚持学习。为什么会存在这样的差异？德韦克的研究便是从这个质朴的疑问起步。

德韦克最终得到的结论是：围绕个人能力存在着两种思维模式。

以孩子们正确完成一幅拼图为例，我们在看到后通常会有两种反应，一是"你真聪明"，二是"你很努力"。

如果经常被人夸赞"聪明"，孩子就会养成"固定性思维模式（Fixed Mindset）"，觉得这种能力是与生俱来的。一旦连续受挫，他们就会将此归咎于自身能力不足，继而轻言放弃、畏惧挑战。

反之，如果得到的评价是"努力"，那么孩子就会更加重视过程，相信努力可以取得成功，即"成长型思维模式（Growth Mindset）"。

具备成长型思维模式的人敢于接受冒险和挑战，并习惯从失败中吸取经验教训，自身的潜能也更容易得到开发。

德韦克的这项研究引起了教育界的巨大反响，不论是研究人员，还是各行各业的读者都争相阅读她的畅销著作《终身成长：重新定义成功的思维模式》（*Mindset：The New Psychology of Success*）。在硅谷，学校教育、企业领导能力的培训、家庭育儿等都深受其影响。

德韦克的这套理论体系同样适用于培养 STEAM 人才和创新思维。从成长型思维模式的角度分析前文提到的 3 种创新思维可以发现，只要教育得当，人人都有可能成为 STEAM 人才。

从事企业战略研究及创新工作的理论家和实践者也持有与德韦克相同的观点。前文提及的克里斯滕森认为：创新方案的生产能力（创造力）不仅取决于知识水平，也可以通过"建立关联的能力""提问能力""观察力""团队合作能力"或"实验能力"等得到后天的修正。

　　大卫·凯利（David Kelly）和其堂弟汤姆·凯利（Tom Kelly）共同创办了斯坦福大学哈索·普拉特纳设计研究所（The Hasso Plattner Institute of Design at Stanford University，又称"d.school"）以及知名设计咨询公司 IDEO。他们把"自身可以改变周围世界的信念（Creative Confidence）"视为创新的关键，并且认为这项素养可以通过个人努力和经验积累得到提升。

　　如此一来，只要接受合理的教育及培训，人人都有可能创造划时代的发明。只要保持不拘一格、勇于尝试、在失败中前进的积极姿态，进而得到"你很努力"的认可后树立成长型思维模式，创新的潜能及素养就能由此生根发芽。

STEAM 人才培养——斯坦福大学的"生物设计计划"

　　值得一提的是，为了研究创新思维的树立，斯坦福大学专门组织了培养 STEAM 人才的实验。

2001 年，斯坦福大学推出名为"生物设计计划"（BioDesign）的基金项目，旨在培养医疗设备研发的领军人物。

该项目集结医学、工程、商务等领域的精英并将其送至医疗前线，使其能够从中挖掘潜在需求，参与从制订设备改进方案到前期开发的一系列过程。

作为医学和工程联动的创业培训计划，该项目主要面向医学院或商学院的毕业生，工程学或科学教育背景的硕士及博士也可进行申请。

经过层层选拔，最终的入围者以 4 人为单位进行分组。在接受长达 1 个月的基础培训后，他们将前往斯坦福大学医学中心，在现场展开观察和分析。

基于现场的发现，各小组会讨论潜在的问题及需求并将其列成清单。在探讨技术可行性及商业性的过程中，他们也会得到校内外专家的指点，从中选出最为关键的需求，继而思考对策、确定创业计划。

通过这个项目，不拘一格地展开想象、试着设计原型作为尝试、在失败中前进的创新思维也在参与者的心中深深扎根。

"生物设计计划"的推进离不开"探索性研究"。与强调学习系统知识的传统医疗、工程等学科的教育模式不同，在项目现场，没有照本宣科的导师，只有自主发现问题的学生。对知识的掌握未必来自谆谆教导或者一问一答，这是 21 世纪人才的新型教育模式。

这些学生本身具备极高的专业素养，堪称各自领域的翘楚。但是，该项目的教育模式完全不同于他们以往所学，彻底颠覆了"搜集信息，多角度分析，然后探讨对策"的传统思维，因此不少人起初对此感到困惑。

保罗·约克（Paul Yock）从项目成立之初便担任负责人。回首这 20 年来的成果，他特别强调："要想掌握发掘潜在需求的'方法'，首先需要树立创新思维。"

发掘潜在需求对创新的重要性

"生物设计计划"的想法源自约克与乔希·马科尔（Josh Makower）的一次会面。具备创新思维、理解且重视不拘一格的想法，这是二人的共同点。

身为医生、发明家和创业家，约克凭借可以实时反映血管内情况的"血管内超声（Intravenous Ultrasound，IVUS）"技术掀起了一场医疗革命，并因此享誉世界。

马科尔具有丰富的医学、工程、商务等培训经历，是开办多家公司的创业家。

身为斯坦福大学医学院的教授，约克在为患有心脏疾病的患者治疗时，深感改进医疗设备的必要性，血管内超声等技术的发明契机正来源于此。同时，作为一名临床医生，他也充分认同亲临现场、细致把握患者需求对于研发医疗设备的重要性。

约克与硅谷多家医疗设备的制造企业来往密切，当他意识到急需人才引领医疗设备改革的现状后，便开始思考如何联合大学与企业共同培养人才。

同时，马科尔从医学院毕业后，加盟了辉瑞制药公司（Pfizer），于医疗设备部门主推战略创新，他积极探索发掘潜在需求、实现划时代的创新之路。

马科尔在公司内创办了旨在发掘潜在需求的项目，通过这个项目，由员工和医学院学生组成的团队纷纷前往医院，连续数周旁观外科手术，与医生、护士及患者深入探讨，从中发现现场的潜在需求。面对公司内部报纸的采访，马科尔表示："需求是发明之母。只有把合适的人才送到适合的地方，才能发现需求，自然也可以带来创新。"

在创办了医疗设备企业之后，马科尔在硅谷结识了约克。当时，约克和盘托出内心的设想，即凭借硅谷生物医药公司林立的资源优势，以斯坦福大学为中心，打造医疗设备研发的孵化器。马科尔则分享了自己在辉瑞工作时创办项目的心得，二人的理念不谋而合。

实现医学与工程的结合、培养发掘潜在需求的创业者，二人的提议几乎被所有的大学从业人员否决。把医学的"圣地"商业化，自然容易招致非议。

虽然创业相关课程如今在斯坦福大学颇受欢迎，但是在 20 世纪 90 年代末，把它引入医疗领域还是让人觉得不可思议。"生物设计计划"的方案一经问世便遭到众人的否定。

面对巨大压力，二人毫不气馁，坚持宣传自己的主张。治疗患者与创业（追求利润）看起来虽然矛盾，但其实相辅相成，为了使研究真正造福于人，确保大学对社会真正作出贡献并产生影响，两者必须通过合理的设计结合并实现联动。

医疗和教育的创新

"生物设计计划"把医疗设备领域的创新及研发搭

建成知识体系，并且将其纳入大学及研究生教育，这种
创新堪称史无前例。作为对工程教育领域开拓者的褒
奖，2018 年，约克被美国国家工程院授予"戈登奖"①。

在升入医学院前，约克分别于推崇"自由艺术"的
阿默斯特学院（Amherst College）以及迈阿密大学主修
哲学，他探索医学时的教育情怀或许正源自于此。可以
说，他也是重视新型人文主义精神的 STEAM 人才。

约克促成大学与医学产业的结合，马科尔则具备充
足的联合医学与工程的知识及经验，二人联手推出旨在
培养跨专业人才的"生物设计计划"，无疑也是一种教
育的创新。

基于 21 世纪的新型学习方法，这项结合医学与工程
的项目备受世界瞩目。继印度之后，"生物设计计划"也
得到新加坡政府的大力支持。此后，爱尔兰和英国也实
施了该项目。此外，中国、巴西、丹麦、法国、瑞典、
芬兰、西班牙等国也推出了类似项目以培养医学人才。

在政府的扶持下，"日本生物设计计划"于 2015 年

---

① 戈登奖（Bernard M. Gordon Prize）是由美国国家工程学院于 2001 年设立的，其目
的是表彰"有效培养工程领导者的新教育模式和实验"，很多人认为它是美国工程
教育界的诺贝尔奖。

创立，大阪大学、东京大学、日本东北大学也开始着手培养新型人才。

　　笔者在本章的开篇曾经提及，现如今人人都可以成为创新者。然而，这并不意味着人人都一定要是天才。即便不是精通多个领域或专业的通才，只要向其他领域的专家学习并树立创新思维，本着重视人性的新型人文主义精神相互合作，STEAM 的理念也极有可能实现。"生物设计计划"的成功不就是最充分的证明吗？

第 4 章

设计思考的本质

STEAM 人才与设计者

继介绍了 STEAM 人才的"目标"和"思维"之后，本章将重点关注支撑他们展开行动的"方法"。

坚持创新思维、为造福于人而积极展开设想时，STEAM 人才会有意或无意地采取一些特点鲜明的方法。这些以往属于设计领域内的技巧，如今被统称为"设计思考"。像设计者那般展开思考之后，STEAM 人才或许可以发掘出意料之外的新方案。

接下来，笔者将重点介绍设计思考的本质和实施方法，分析其诞生的时代背景并展望 STEAM 人才的未来。

此外，设计思考所包含的理念和世界观与 STEAM 人才的"目标"和"思维"也有着密切的关联。

设计在商业中的重要性愈发凸显

世界知名艺术团队及顶尖企业每年都会聚集于得克萨斯州的奥斯汀，参加一年一度的高科技盛会——西南偏南大会。在 1987 年诞生之初，西南偏南大会只组织音乐节的活动。随着规模逐年扩大，如今的西南偏南大会已发展成云集各界科技大腕的多元化盛会。

在 2015 年的大会上，前田·约翰发表题为《科技中的设计》的演讲，备受瞩目。前田在演讲中指出，在近年来美国的企业管理中，越来越多的设计人才正积极发挥着作用。

2010 年至 2015 年期间，谷歌、脸书、雅虎、Adobe、领英等硅谷巨头共收购了 27 家由设计人员创立的企业。如今市值高达 38 亿美元的爱彼迎在第 3 章中已有介绍，其创始人是两位毕业于罗德岛设计学院的年轻设计师。

据统计，从 2004 年至 2015 年，被大型企业收购的设计公司多达 42 家。买家之中既有埃森哲、麦肯锡等顶尖咨询公司，也有德勤等一流会计师事务所，还有金融大鳄——美国第一资本投资国际集团。它们纷纷打破行业壁垒，进军以往从未涉足过的设计领域，并积极展开收购。

名列世界财富 500 强榜单的知名企业纷纷关注设计领域，原因在于凭借传统工艺研发产品的模式已达极限，单凭产品的品质和功能不足以将其更好地卖出。在当今消费者的眼中，除了稳定的品质、完美的功能外，精美的设计也是产品的"必备元素"。

值得一提的是，这场演讲引起了社会上的强烈反响，于是前田带领团队每年都会发布一次《科学中的设计》报告。该报告被誉为 STEAM 行业发展的风向标，硅谷的各家企业无不对此颇为关注。

"设计"概念的泛化

"设计"和"设计者"的范围如今也在不断扩大。

以往说起设计，人们的反应往往是巴黎街头琳琅满目的高档服装店、精美绝伦的服饰、巧夺天工的家具以及引人瞩目的历史建筑。这些都是以"物"为主的设计。

如今，围绕生活的所有事物和信息都可以成为设计的对象。借用王戈的话：所谓设计，就是对世间万事万物加以改造。

用户体验本身也可以成为消费品，所以企业在生产商品时也要格外注重用户体验。

以电影、音乐、游戏、体育等产业为例，除了以内容吸引用户外，给人以心灵触动的体验同样至关重要。

"超级碗（Super Bowl）"是美国国家橄榄球联盟（National Football League，NFL）的年度冠军赛，堪称美国首屈一指的体坛盛事。赛事中还会有当红明星亮相表演，可以说这已经超越体育比赛的范畴，成为一个非官方的全国性节日，能够吸引全美人民守在电视机前观看直播。

作为美国收视率最高的体坛赛事，超级碗的插播广告也被卖出天价，30 秒钟广告时间的售价高达 5000 万美元。可以说，在这么短的时间里能够带给观众怎样的收看体验攸关广告投放企业的利益。在 2017 年超级碗决赛时，建筑材料公司 84 Lumber 的商业广告以计划穿越美国国境的一对母女为主角，运用纪录片式的拍摄手法再辅以一定的政治隐喻，顿时激起了全美人民的巨大反响^①。

　　在重视用户体验的时代，只有掌握"用户即人性"的相关知识，才能创造新的价值。作为关键环节，设计自然备受关注。

重视人性的设计思考

　　不过，近年来对设计的重视绝非出于商业的考量，而是与重视人性的新型人文主义（参照第 2 章的介绍）渊源颇深。

　　举例来说，不少商品看起来毫无问题，但实际使用起来却极为不便。原因恐怕在于商家只关注精密技术和利润价值，却忽视了对用户体验的人性化思考。

　　重视用户的产品研发需要设身处地为用户着想，只有完全站在用户的角度去设计，才有可能找出人、产品、环

① 广告讲述的是一对墨西哥母女想要逃难到美国，历经艰辛抵达边境后，却发现被高墙挡住去路。绝望之际，一扇木质大门打开，而这扇门正是 84 Lumber 所建。2017 年超级碗时，来自百威啤酒、84 Lumber、爱彼迎的 3 支广告内容均对美国前总统特朗普的移民禁令作出回应，因此颇受热议。

境之间隐藏的本质问题，也才能发现之前未曾留意的切入点。用户不仅能通过视觉和听觉接收到信息，还能通过触觉、嗅觉、味觉等调动联想，从而影响使用感受和心情。

其实，这类工作原本就由设计人员完成。设计不仅在于创造颜色、外形这类外在美，其更本质的工作是打造可以被用户接受、具有高销量的产品。因此，树立人文主义精神且更深刻地把握人性，这是对设计人员的基本要求。

设计是凭借前所未有的创意打造新事物的一种行为，往往具有神奇的效果：有时形成略带忧郁的气质，令人心生同情；有时则夸张到让人大吃一惊，从而引起热烈的讨论。然而，如果设计风格过于前卫，突出个性的同时也有可能会丢失共性。因此，在设计时还是抱着亲近、理解用户的心态较为妥当。

引用IDEO设计咨询公司首席行政官蒂姆·布朗（Tim Brown）的话来说："设计思考就是帮助用户发掘自身尚未意识到的潜在需求。"

随着技术的进步，人类所处的环境也在发生着天翻地覆的变化，连5年之后的情景都令人难以预料。"人类究竟需要什么？"在现代，认清这个问题尤为重要。

笔者认为，从设计思考中可以找出创新的方法。设计首先就是要认清人类的真正需求，从而为创新找到切入点，然后提出解决方案。

直觉胜于逻辑的 STEAM 思想

在 20 世纪后半段，凭借物美价廉的产品，日本制造业跃居世界前列。与此同时，美国金融业以精准的分析优势引领全球。然而，自迈入 21 世纪以来，追求性能和效率的发展模式已达瓶颈，企业开始探索新的业务模式。其中，名为"设计思考"的方法近年来最受关注。为了实现创新，硅谷的各大教育机构及企业积极引入了设计思考理念。

相比于 10 年前的一无所知，日本也终于迈出脚步，开始接触"设计思考"这个理念。日本的企业和大学把设计思考引入小组讨论，书店的设计类、商业类专柜也摆上了相应主题的著作。但是，依然有许多人对设计思考的定义感到困惑。

以"思考"作为结尾词，一般可以想到逻辑思考和批判性思考，两者千万不可混淆。不少人曾向笔者求解这个问题，在此简单回答一下。

哲学家野矢茂树认为，逻辑和思考是有所区别的。逻辑指的是善于表达想法以及理解他人的意思，但不能像思考那样产生新的想法。因此，把逻辑和思考混为一谈的逻辑思考从出发点来说就是错的。

本书也对思考和逻辑进行了区分。所谓思考，就是为了理解或解释某种现象，积极联想、提出假设。而逻辑则是理解语句之间的关系，其作用在于检查思考是否合乎道理，形成的理论是否具有说服力。换言之，思考是否客观、正确需要逻辑加以验证。

批判性思考的"批判"指的是对课题从多个角度展开全面分析。从客观的角度出发获取信息并非囫囵吞枣，而是要仔细审视"是否确实如此"。哲学家伊势田哲治倡导的"怀疑主义"正合乎批判的精神，而且同样需要借助逻辑展开。

总之，无论是逻辑思考还是批判性思考，终究只是以"理"服人，这并不是设计思考的关注点。

设计思考的本质是创造发明。它是一个摸索的过程，从"为什么创作（Why）"的问题起步，继而发现"做什么（What）"，然后研究"怎么做（How）"。设计思考的对象也不是实物，而是无形的用户体验和价值观等。逻辑思考、批判性思考、设计思考这 3 种思考方式的区别如表 4-1 所示。

表 4-1　逻辑思考、批判性思考与设计思考的区别

逻辑思考	批判性思考	设计思考
立足逻辑		依据直觉
为了说服别人或自己		为了有所发现
主要使用大脑		使用大脑和五官
检查思考是否合乎逻辑	客观、多角度地展开全面分析	积极联想、提出假设

因此，在"做什么"和"怎么做"大致明确的情况下，设计思考已经和注重效率、合理的逻辑判断，以及为了提高产品价值的批判区分开来。此外，设计思考也与精工细作、调整外观的狭义设计有所区别。

提到创造发明，人们的第一反应或许是应由企划及生产部门负责，与销售或管理人员毫不相干。这类传统观念已经不符合当今的业务发展模式。

围绕创造发明展开联想，所有组织成员都不能置身事外。而且，教育和人才培养的领域也积极倡导在创造发明的过程中有所学习。

　　总之，设计思考就是以"为什么创作（Why）"为焦点，继而有所发现的方法。

　　法国数学家亨利·庞加莱（Jules Henri Poincaré）有句名言："我们用逻辑去证明，但是用直觉去发现。"

　　此外，在《商务设计思考》一书中，作者绀野登认为设计思考与一般思考的区别在于从直觉出发："这是人类隐藏最深的能力，可以调动情感和全身的力量。"

　　因此，设计思考以发现为目标，以创新为手段，其立足点不是逻辑，而是直觉。

　　正如许多理论家及实践家强调的那样，设计思考并不仅仅依靠人类大脑的功能，而是要充分调动四肢以及视觉、听觉、触觉、嗅觉等感官。

　　综上所述，逻辑思考和批判性思考都是以"理"服人，而设计思考则是通过直觉在创新方面有所发现。

设计思考是发挥想象力的道场

　　那么该怎样借助直觉的力量呢？

设计思考常常被宣传为方法论，给人以它包含一系列流程和公式的感觉。甚至还有不少人期待只要在公式中套上相关信息就能自动生成创意。其实，这些印象并不准确。

诚然，在学习设计思考的时候会要求按照一定的步骤展开（后文会有详细介绍），设计公司 BIOTOPE 的负责人佐宗邦威将此形容为空手道的"套路"。但是，单凭套路不足以成为空手道大师。同理，按部就班地展开设计思考也未必就能实现联想和创新。

笔者认为，人文主义精神和创新思维的结合对 STEAM 人才来说颇为关键。由此，他们一环接一环地展开设计思考，完善创意，打造原型，并在这一系列的过程中掌握自由想象的奥秘。

这与空手道高手在道场中苦修数年、终成一代宗师的经历极其相似。

"虽然展开了设计思考，但是没有产生革新性的创意。"类似的批评不绝于耳，但在笔者看来，这或许是由于过于讲究套路，却忘记了最关键的"为什么"所致。

换言之，设计思考就是催生奇思妙想的训练场，即领悟创新、发挥想象的"道场"。

创意的诞生原本就不是线性的过程。来回思考、分析整合、假设验证……只有不断地重复这些相互矛盾、相辅相成的步骤，才能在创意设计中有所发现。

创意设计的"五个思考模型"

对应空手道的套路，接下来就具体讲解一下设计思考的实操步骤。其实简单来说，就是要"试着做点什么"。

基于某个场景，自主发现"需要做什么"，然后摸索着"怎样着手实施"，并最终把它变为现实，这便是创造的过程。在这个过程中可以独自探索，也可以与他人相互配合。为了避免一意孤行，与多元化的团队合作、寻找更多的发现点至关重要。

读者如果对设计思考的学习小组较为熟悉，那么就可以发现他们主要是按照以下步骤开展活动的。

首先，围绕社会问题、他人的困难等确定研究课题，然后围绕课题研究的对象（用户）展开采访、观察等。基于调查结果，力争以新颖的角度切入，提出解决问题的方法。再按照创意打造初步的原型，然后让用户试用，根据反馈加以改良。

关于设计思考的"模型"，斯坦福大学哈索·普拉特纳设计研究所倡导的"五个步骤"颇为知名，分别为"同感（Empathy）""定义（Define）""联想（Ideate）""原型（Prototype）"和"测试（Test）"。

除此之外的知名理论还有 IDEO 设计咨询公司提出的"搜集信息（Inspire）""联想（Ideate）""成型（Implement）"三步法，以及佐宗邦威宣扬的"旅客""记者""编辑""工匠"四类型法。

基于亲身参与斯坦福大学及努艾瓦学校相关训练的体验，笔者把设计思考分为"调查""分析""整合""制作"和"测试"这 5 个阶段，如图 4-1 所示。

调查

作为设计思考的第一步，通过调查找出"人类真正的需要"至关重要。发掘人类（用户）的需求是思考"做什么"的核心要求，换言之，调查阶段旨在解答"为什么"，并由此获得想象的灵感。

因此，调查需要从用户的角度寻找与设计相关的线索，如从关联方的报道中把握事件的来龙去脉、人际关系等。

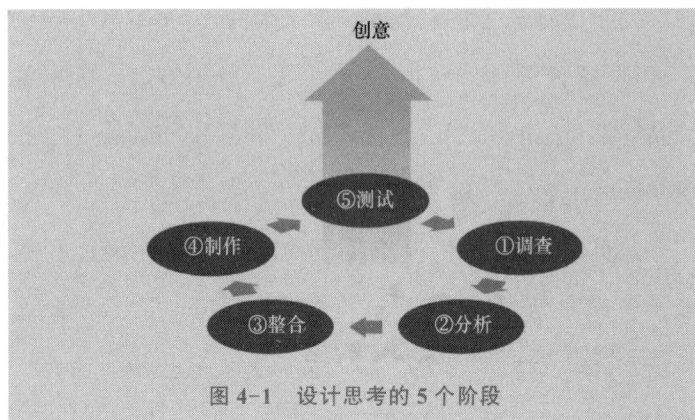

图 4-1　设计思考的 5 个阶段

　　为此，有必要在调查阶段就将用户的日常生活方式、心情及想法等信息一网打尽。既可以向用户本人或相关人员打听信息，也可以通过仔细观察周围环境来获取信息。

　　以采访为例，要仔细聆听对方的发言，积极接收信息，不遗漏任何可能的重点。在采访过程中，把握用户在不同状况下的态度和反应，带着共情与之持续交流颇为关键。如果对方通过下意识的动作和神情流露出对某些内容的兴趣，切勿错过。

　　对方在交谈中无论是抱有浓厚的兴趣还是感到惊讶，你都可以带着"为什么会这样"的疑问切入，尽量尝试深入挖掘。要像做问卷调查那样列好采访清单，但是不能机械地一问一答，而是要努力打开对方的话匣子，引导对方将自己内心的故事娓娓道来。

调查阶段的另一项法宝就是观察。在对方觉得习惯和放松的环境中要保持举止自然，避免获取信息的意图过于明显，即在对方的许可下陪同左右、悄然观察。

例如，与用户共同出席活动时直接感受现场氛围，通过观察来增强共情，在此基础上获取宝贵的意见和情报。

此外，社会科学家和文化人类学家还会频繁使用"焦点小组""分享生活经历""参与观察"等方法来收集信息。由于此类信息在本质上难以用数值衡量，因此这些方法又被称为"定性研究方法"。

调查得来的信息皆价值千金，需要细致做好记录，条件允许的话最好用照片或视频进行保存。有时在采访中还需全面调动触觉、嗅觉、味觉等感官，尽可能深入地了解对方所处的环境。

深入现场并与调查对象同吃同住，此类信息搜集方法被称为"人种志研究方法（Ethnography）"。该方法要求调查者摒弃主观偏见和成见，仔细记录调查对象的言谈举止，由此挖掘出隐藏的群体特征和组织文化。该方法原本只用于学术研究，近年来在商业领域也备受青睐。

作为设计咨询企业，IDEO 十分重视引入文化人类学的人才。因为他们的研究方法侧重分析用户的困扰以及社会结构的不合理现象，扩充这类人才有助于发掘用户的潜在需求。

分析

第二步是对搜集的信息进行分析。

这个阶段同样尚未明确"人类真正需要的是什么"这个问题，研究课题、需要解决的问题、研究方向等也还不确定。其实，对这一阶段来说，混沌状态也是特征之一。

分析也可以说是围绕着"为什么"而展开科学思考的阶段。生活本身就能反映问题，人们不经意间的言谈举止常会透露出连自身都没意识到的动机和问题。

即使是对于一些自发的行为，很多人往往也说不出"为什么要这么做"。然而，从第三方的角度来看，可以从中搜集信息、展开联想。根据用户的言论，从"为什么会这么想"的问题着手，尽情发挥想象、提出假设，从而体会和了解用户的处境，找出潜在的问题以及评判改善的可能性。

分析也是把研究对象从整体到局部进行分解的过程。设计思考所需的素材多多益善，因此调查时也要尽量拓宽视野、多方搜集信息。但是，分析并不只是把信息拆散，还要对信息进行配对以找出其中的关联并搭建合理的体系。

本阶段常用的工具是用户移情图（Empathy Mapping），在此套用斯坦普大学哈索·普拉特纳设计研究所和 IDEO 设计咨询公司所用的模型展开介绍，如图 4-2 所示。

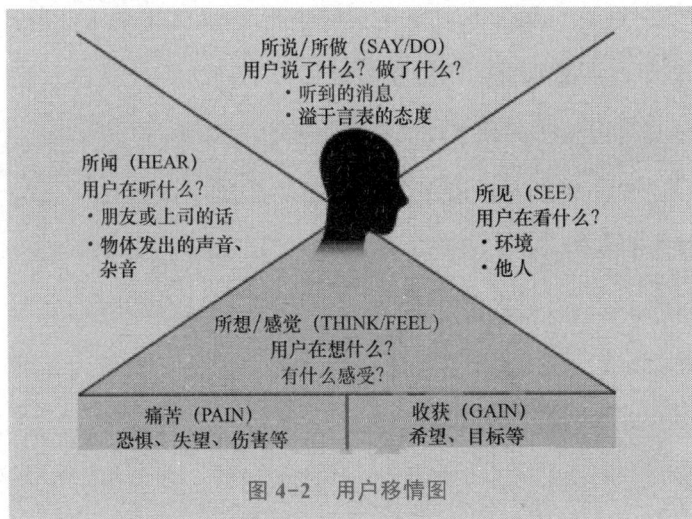

图 4-2　用户移情图

首先，在"所说 / 所做（SAY/DO）"的一栏中写下用户说过的话、做过的事。例如，"非常喜欢爵士乐""每月会有两个周六是夫妻共同外出""在一家企业待了25年""为了方便查阅行程而购买记事本类型的台历""因为留意时间而经常看表"等。

然后，在"所见（SEE）"和"所闻（HEAR）"处分别记录对用户的见闻。"母亲住院，窗外正对着柿子树……"听到这番话，就能明白用户看望过母亲，并且注意到了窗外的柿子树。在调查时如果发现用户正和其他同事共进午餐，这一幕就可以写进"所见（SEE）"的栏目中。"隔壁房间的电话响个不停""老家背靠学校，每天早晨都能听到广播体操的音乐"等，用户的这些发言都可以写进"所闻（HEAR）"中。

"不能和孙子见面好孤单""推销电话多得让人心烦""不要忘记顾及他人的感受"等，这类反映情感或价值观的发言直接照搬进"所想 / 感觉（THINK/FEEL）"即可。而且，除了记录用户本人的言论外，也可以写下观察者在整理"所说 / 所做（SAY/DO）""所见（SEE）""所闻（HEAR）"等内容时对用户形成的看法和感受。

至此，只要把用户及观察者"所想 / 感受（THINK/FEEL）"的主观情感部分剔除，余下的记录就都是反映客观事实的信息了。

通过耳闻目睹搜集信息，然后洞悉或提出假设。总之，在用户移情图的浅色部分〔所说 / 所做（SAY/ DO）、所见（SEE）、所闻（HEAR）〕写下信息，在深色的部分〔所想 / 感觉（THINK/FEEL）、痛苦（PAIN）、收获（GAIN）〕填入确信或假设的内容。

这样有助于领悟对方的言下之意，对于发掘连用户自身都未能意识到的因素（潜在需求）来说格外有效。

汇总类似信息，在想要使假设更进一步时，可以使用图 4-2 最下方的两栏，即指代感情的"痛苦（PAIN）"和"收获（GAIN）"。结合此前记录的来龙去脉，根据当事人与他人及组织的关系等信息，或许能发现有关用户更多的有用信息。

用户移情图可以用于独自研究或者团队合作，也可以打印出来贴在白板上作为参考图。在研究过程中可以将各种想法直接写在白板或纸上，也可以写在有黏性的便签上，这样在讨论信息的分类时，将其从一处移到另一处也更方便。

把调查得来的信息填入用户移情图，然后进行联想和推理，这样研究思路也会越来越多样。如果是团队合作，则更容易找出对方话语中隐藏的意思，分析的结果也会更有价值。

作为整理调查信息的方法之一，还可以基于搜集的信息打造具体的用户画像。把特定对象或多个人物的某项特征具象化，把焦点锁定在"为了谁"之后，创造也会更为高效和有针对性。

整合

基于分析得出发现（假设），再进行整合，可以使用户自身都尚未察觉的需求浮出水面。

通过整合信息发现人们真正的需求，这正是本阶段的目标。作为设计思考的核心环节，本阶段也让人颇费思量，需要积极地开动大脑。

为了把握人们的真正需求，需要找出真正的问题所在。为此，首先需要找准着眼点或切入点。

虽然切入点并不好找，但也并非无迹可寻。如果某个主题或关键词在对话中被反复提及，以此为切入点也未尝不可。例如，在团队内开展有针对性的问答："用户这么说的深层含义是什么？""基于已有了解，用户会有怎样的感受？"

在第 3 章中，笔者强调本书倡导的创新是一个非连续的整合过程，与以往所谓的创新具有本质的区别。为了催生划时代的创新，需要挖掘用户本身都未能意识到的潜在需求。

所以，在对话中不仅要留心对方下意识重复的话语，还要重视从观察者角度来发现不合理之处。即便当事人毫不在意，观察者也不能等闲视之。

基于这点，从分析得出的信息中找出对立、矛盾、意外等元素至关重要。

这也是研究人员深度调查、探寻本质时必须掌握的技能。貌似碍眼的信息、用户言谈举止中的矛盾和不合理之处，都可能暗藏切入点。

随着切入点的不断涌现，下一步就是选择最值得深究的那一个，然后围绕这个点重新定义用户的真正需求并以此确定研究课题。

在东京工业大学的工程设计项目中，作为寻找切入点的新方法，师生会在洞悉环节把场面话剔除。

在探索潜在需求时，常常追问"我们可以怎么做（How might we）？"

"一个人住太冷清，和家人住又很麻烦。"以用户的这句抱怨为例，如果把议题定为"为了化解用户感觉冷清和怕麻烦的矛盾，我们可以怎么做？"，下一步便可思考解决方案。

确定课题之后就是寻求对策。与分析阶段类似，此时需要再次扩充信息、发散思维。

围绕用户需求积极展开联想，把想法写在便签上，然后贴在白板或墙上，再与团队成员探讨。观点多多益善，讨论速度也很重要。不必细想和在意形式，只言片语或草图皆可。如此一来，不出几分钟，墙上就会贴满五颜六色的便签了。

此时的要诀在于"数量胜于质量"，值得一提的是艺术和设计课程对此也颇为重视。人们对优秀的艺术作品津津乐道，但是其背后废弃了无数张草图的心血却鲜为人知。

在参加设计思考小组时，笔者就对极短的时间限制大吃一惊。导师争分夺秒地一环环推进，初学者往往会手足无措。其实，这正是为了促使学员急中生智，从而逼出新颖创意。如果允许深思熟虑，学员就会被常识和前提所束缚，难以展开"超规格"的想象。

然后再对各类奇思妙想进行汇总，把便签上的想法按照"可能实现""前所未见""不大可能实现"和"令人期待"的框架进行分类。最后，经过小组全员投票和交流，选出最佳创意。

寻找"对人的实用性（Desirability）""技术可行性（Feasibility）"和"经济可行性（Viability）"这 3个要素的结合点，是 IDEO 设计咨询公司所倡导的创新之道。其中，"对人的实用性"对应"为什么创造"的思考。正如第 2 章中所述，具备新型人文主义精神的STEAM 人才时常围绕"为什么创造"而展开行动。

通过打听和观察等调查手段挖掘用户需求，针对为用户做些什么展开设计思考，如此可以确保创意对实现用户需求来说是有用的。

制作

在制作这个阶段，团队终于可以围绕创意打造原型。

所谓打造原型，就是为团队内部研讨和获取用户反馈而制作实验品，这是把创意转变成最终产品前的重要环节。3D 模型、大型实物模型、绘画、漫画等都属于原型。

原型的作用在于表现创意的实质，因此只需保证其具备最基础的功能，有个大致的形状即可。关键在于，切勿在此阶段耗费大量的时间和精力。

在第 3 章中，我们得知"勇于尝试（give it a try）"的重要性。设计思考在制作阶段强调动手而不是动脑。绀野登认为，若想打破思维固化，首先需要动起手来。

约翰·凯奇（John Cage）是一位别出心裁的作曲家，无声乐曲《4 分 33 秒》是他的代表作之一。在斯坦福大学哈索·普拉特纳设计研究所的中庭上方挂着印有他名言的巨型海报："没有什么是错的，也无所谓输赢，这里只有创造。（Nothing is a mistake. There is no win and fail. There is only make.）"

打造原型终究只是一种抛砖引玉，之后还要变更和调整。如果消耗太多时间或者因为过于在意细枝末节而导致想象力被束缚住，结果就会适得其反。总之，亲手尝试这个行为本身至关重要，这同样也是艺术和设计课程所注重的部分。

笔者在参加设计思考小组时，发现大人和小孩均对打造原型乐此不疲，这一切都源自创作的魅力（如图 4-3 所示）。

在动手的过程中打磨创意，在制作的同时不忘思考。在给 STEM 领域加上艺术和设计之后，创造和想

象的过程变得更有活力，这也正是 STEAM 教育的关键
之处。

图 4-3 打造原型的场景

测试

在完成原型后，务必要提交给用户进行测试。这样
做的目的在于获得反馈，同时发现用户真正的需求。

例如，故意不告知用户"正确的用法"，观察用户
会以怎样的方式触碰原型，往往可以收获奇效。不仅要
注意用户的话语，也要留心对方的神情等细节，进而从

中获取信息。

用户的反馈是极为珍贵的信息。除了满意之处外，尽量引导对方说出对原型的负面评价也很重要。

在参加学习小组时，笔者曾有过这样的经历。当时，一个中学生团队潜心研发耳机，然后提交给一名老年用户试用。

"可是我不用耳机啊……"老人一脸歉意，但这句话依然给这个小团队造成了不小的打击。不过，他们从中也获得了极为宝贵的发现，那就是无论多么精美的产品，如果缺乏实用性，那就毫无意义。

基于反馈和对用户的观察，团队成员交流心得并改进原型。而且，讨论本身也是建立在动手尝试的基础上的。在深度剖析老年人的生活需求后，这个中学生团队最后交出了与之前风格迥异的原型。为了获得用户的宝贵反馈，他们不惧挫折、勇于尝试。

你是否听说过"意面棉花糖挑战"？它以数人为一组，要求在限定时间内用数根意面、棉花糖等搭建"意面棉花糖塔"，而且棉花糖被要求放在塔顶（如图4-4所示）。

在这个挑战中，由工商管理学硕士组成的商务精英团队纷纷败下阵来。也许是基于商业学校和企业管理的经验，他们习惯从多个角度进行分析、寻求最优方案，将有限的时间主要用来研究战略。随着截止时间越来越近，他们在慌乱之中只能"把棉花糖往顶上一放"，结果可想而知，"意面棉花糖塔"顿时坍塌。

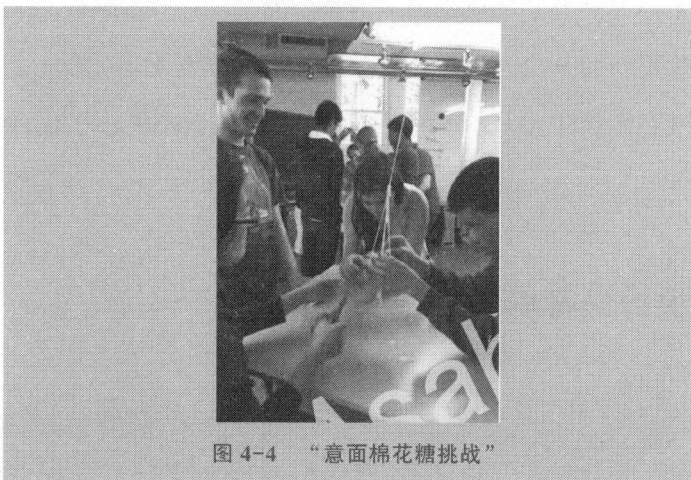

图4-4 "意面棉花糖挑战"

虽然他们对棉花糖的重量做到了心中有数，但是对意面揉在一起的强度却估计不足，而这只有通过尝试才能知晓，因此崩盘也在情理之中。

另一组以幼儿园孩子为主的团队的行动则相对简单许多。他们多角度尝试把棉花糖堆上去，这边不行就换那边，终于在规定时间内完成了"意面棉花糖塔"的搭建。由此可见，动手尝试打造原型并在失败中改进十分重要。

设计思考已经融入了硅谷的各个创新环节。起初还是全过程设计、最终产品发货的模式，然后逐渐演变成分解各研发阶段、反复进行阶段性的组装和测试的模式，又称"敏捷开发（Agile Development）"。按此模式，不必等到商品完全成型，测试中发现的各种漏洞通过软件更新的方式进行改进即可。换言之，"包容不完美"已经在硅谷深入人心，这正是重视打造原型的核心思想。

设计思考的弹性机制

设计思考就是在上述 5 个阶段来回探索的过程。参照图 4-5，思想尽量朝着各个方向跳跃式地扩散，同时又向着一个焦点收缩，整体趋势呈波浪状。

分析与整合、抽象与具体、混沌与结构、假设与验证……在这类相互矛盾又相辅相成的环节的作用下，思路沿着从①到③的方向越来越清晰。伴随着发现的过程，人们内心深处的需求也逐渐明确，这对找出最优的解决方案来说十分重要。

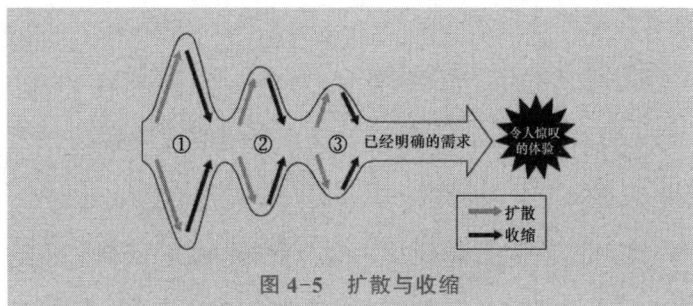

图 4-5　扩散与收缩

　　这便是设计思考的全过程，与对信息进行演绎推理、按部就班得出结论的直线型分析之间有着本质的区别。在切入点和方法尚不明确的状态下，设计思考需要团队合作、抽丝剥茧，直至找出最终方案（原型及最终产品）。这是一个不断试错、混沌不明的过程。

　　笔者曾多次参加斯坦福大学哈索·普拉特纳设计研究所和努艾瓦学校的研究小组，经常会陷于迷茫之中，不知该如何是好。即便向导师求助，对方也只是耸耸肩、毫不在乎地说："没事，这样挺好。"借用斯坦福大学教授拉里·莱费尔（Larry Leifer）的话来说："随混沌翩翩起舞（Dance with ambiguity）。"

　　所谓创新，就是要实现前所未有的组合，在迷茫和混沌的状态下有所创造。逻辑分析的归宿是得出结论，而设计思考的终点则是"顿悟（Aha Moment）"。这个理论由德国心理学家卡尔·比勒（Karl Bühler）提出，顿悟是指恍然大悟、茅塞顿开的瞬间。

发掘课题并加以确认、展开离经叛道的跳跃性思考、反复试错，设计思考其实是一个十分感性的过程。

聚焦所有感官体验并且融会贯通，整个人就会突然感觉到拨云见日一般的明澈，顿时明白究竟该为用户提供什么。之后便是打造原型，思考"该怎么做"。

关于20世纪70年代以来制造业相关的技术研发类型，经济学家儿玉文雄的观点是：企业设想假定的市场，并且在分解和整合的相互作用中逐渐明确潜在需求，即"需求表达（Demand Articulation）"。因此，挖掘用户潜在需求与设计思考密不可分。而且，挖掘潜在需求、重视人性，这正是设计思考的特征。

设计思考完全站在用户的角度探索所谓的"有用发明"。而且对一人有益或许意味着能造福更多的同类人，最终实现具备广泛市场性的创新。

笔者多次强调，并非照搬"套路"就能形成具有独创性的设计思考方案。正如于道场苦修数年才能成为空手道大师，基于各类要点的尝试至关重要。如果独自展开设计思考，或许能为你的日常生活带来改变。但是，创新的过程还需要与人互动、进行团队合作、努力吸收多种观点。如有机会，还请读者多多参加设计思考的研究小组。

设计思考的源头——包豪斯理念

对设计思考追根溯源，让我们回顾一下它诞生的时代背景，同时畅想 STEAM 的未来发展。

设计思考公认发源于包豪斯（Bauhaus）设计学院。它于第一次世界大战后在德国中部成立，当时属于魏玛共和国治下。

围绕"融合艺术、生活、产业"的教育理念，包豪斯积极推行多领域的综合教育，涵盖工艺、摄影、设计、美术、建筑等。

该校把追求美感的艺术与重视功能性的工程结合在一起，对 20 世纪的艺术、建筑、设计等领域产生了重大的影响，堪称 STEAM 教育的先驱。

始于 18 世纪后半段的第一次工业革命实现了生产

力的飞跃，也彻底改变了人们的生活。一方面，科技发展为先的观念深入人心，人类由此步入重视理性及合理性的时代。另一方面，传统手工业被机器所取代，大量的劣质产品开始涌入市场。而且，第一次世界大战造成了空前的灾难和牺牲，这对于倡导理性的人类来说也是一次极大的打击。

反思"理性第一"的合理主义、重新审视人生价值和生活方式、追求社会性和伦理性，正是在这样的背景下，包豪斯设计学院应运而生。

在《解读包豪斯》一书中，作者阿部佑太认为：为了批判近代合理主义，当时兴起了"社会改革运动"，而包豪斯设计学院正是这场运动的中坚力量。

包豪斯设计学院在招生时追求平等，不以国籍、人种、宗教、性别、年龄等作为限制条件。以现代抽象主义绘画的创始人瓦西里·康定斯基（Wassily Kandinsky）为首，学院的教授都是来自德国、苏联、瑞士等欧洲各国的一流艺术家，具有极高的知识和技术素养。因此，理论与实践相结合的一流设计教育迅速在校内得到推广，涵盖色彩、形状、空间、素材等方方面面。

包豪斯设计学院得以成立，20世纪德国建筑师中的代表人物瓦尔特·格罗皮乌斯（Walter Gropius）功不可没。后来，他成为该校的校长。

从当地的工程学院辍学后，格罗皮乌斯于现场学习建筑技巧。由于体弱多病，无法胜任繁重的图纸设计工作，他深感仅凭一己之力难以坚持建筑师的梦想，所以早早认识到团队合作的重要性。

少年时被问及喜欢的颜色，格罗皮乌斯的回答是"彩虹色"，其性格可见一斑。在那个排他的年代，重视多元文化、强调与他人合作的精神难能可贵，这也成为包豪斯设计学院的创办理念。

时常关注社会问题，同时又是哲学家、教育家、人文主义者，格罗皮乌斯满怀"共情"、重视人性，总能与他人的经历产生共鸣。因此，他也是一位 STEAM 人才。

包豪斯设计学院于 1919 年作为公立大学成立，1933 年因为纳粹党执政而不得不停办。由于学院拒绝参与政治且宣扬多元价值观，所以被煽动民族主义和种族主义的纳粹党敌视和打压直至解散。

虽然散落天涯，教授们依然把包豪斯的理念传至世界各地。其中，逃亡至美国的许多大师级人物巨匠居功至伟。视觉艺术家拉兹洛·莫霍利·纳吉（Laszlo

Moholy Nagy）于芝加哥成立"新包豪斯"，即如今伊利诺伊理工大学设计学院（Institute of Design at IIT）的前身。同时，德国设计大师路德维希·密斯·凡德罗（Ludwig Mies van der Rohe）被聘为该校的建筑系主任。

出任哈佛大学建筑学教授的格罗皮乌斯也继续推行着包豪斯的教育理念，为巴黎卢浮宫设计玻璃金字塔的建筑大师贝聿铭正是他的得意门生。

由此，重视人性的包豪斯理念在第二次世界大战后的美国逐渐演变为设计思考。融合艺术与技术的人文设计思想也被斯坦福大学哈索·普拉特纳设计研究所、IDEO 设计咨询公司等硅谷机构所传承。

包容性思想引领设计未来

设计思考传承了包豪斯理念的众多内容，其中被视为将在今后发挥重要作用的是多样性和包容性。包容性，顾名思义就是接纳和吸收。

　　基于美国国家航空航天局（National Aeronautics and Space Administration，简称 NASA）曾参与阿波罗登月计划的研究小组分析，相比于集结同领域的精英，由能力平均、各有所长的成员组成的团队在设计思考中的实际表现更优。

　　因为如果都是同一领域的专家，想象空间反而会受到限制，具备"多样化知识和想法"的团队则更有创造力。只要人人抱有不同的观点，就可以收获五花八门的创意，也可以汇总到各种各样的想法。

　　IDEO 设计咨询公司的合伙人汤姆·凯利（Tom Kelley）多次强调多样性对创新的重要性。其著作《决定未来的 10 种人》（*The Ten Faces of Innovation*）中详细说明了创新需要各类人才，包括"搜集信息的角色"（人类学家、实验人员、花粉搬运工等）、"打基础的角色"（跨栏选手、配合人员、教练等）和"实现创新的角色"（经验丰富的设计师、舞台布置专家、医护人员、说书人等）。

　　此外，创业家兼教育家蒂娜·西利格（Tina Seelig）由于出演 NHK 教育台《白热教室（斯坦福大学）》的节目而广为人知。她也把多样性和合作性视为创新的前提。

　　类似的分析也在技术管理、教育、创新研究等多个领域展开，结论都是：团队成员间的差异性越大，团队就越能尊重客观事实，从而作出更合理的判断并推动创新。大量的研究也表明，若特点各异的人才能重视合作，形成包容性高的团队文化，就能打造出更具社会影响力的产品。

基于此类原因，在硅谷内组建极具创造力的团队时，人们颇为看重成员结构的多样性。团队往往由专业领域各异的人才组队，彼此加强交流，以有助于推动创新。

第3章讲解的斯坦福大学"生物设计计划"便是一个极好的证明。该项目基于4个创新必备领域均衡选拔人才，包括善于汇总现有研究成果的"研究员"（如工程专业博士）、具备临床经验的"医生"（医学博士）、工程管理的"组织者"（MBA）和擅长制作原型的"工匠"（工程师）。而且，之后还将这4类精英组成团队，促使他们相互学习，以此培养具有包容性和创新性的人才。

关于包容性，笔者会在第6章再做深挖。在此之前，有必要先对STEAM人才的培养及面向21世纪的教育做一个介绍。

第 5 章

诞生于硅谷的创新性教育

面向未来的教育

第二次世界大战后的日本贯彻工业立国的方针，资本和人才都集中于生产，最终实现了经济复兴。为了保证经济的高速增长，日本学校的教育也基于日本政府制定的《学习指导要领》展开，注重培养基础知识的学习，这种传统的教育模式被称为"系统教育"。

当今时代，高强度的脑力劳动发挥着十分重要的作用，"知识密集型社会"已是大势所趋。除了高效处理海量的数据信息外，自由想象、解决"前所未见的问题"也是时代的需求。

为此，学校教育也要开发新的模式和方法。不再强调系统学习，而是以学生为主体，积极发现和解决问题，使其在没有明确答案的情况下也能灵活应对。当前的教育目标便是培养学生找出新颖对策及进行多样选择的思考能力，以及踏上社会就能迅速发挥作用的即战力，这些都是硅谷正在探寻的创新性教育。

从"学什么""怎么学"和"重视什么"的角度出发，OECD等国际机构以及各类学校积极倡导新型教育模式，而硅谷兴起的从STEM到STEAM的演变本质上也是新型人文主义精神的体现。

全美教育协会（National Education Association，NEA）认为，面向21世纪的教育应该是培养多角度分析课题的批判性思考能力（Critical Thinking）、善于与他人沟通（Communication）和合作（Collaboration）能力以及产生独到见解的创造能力（Creativity），简称"4C"。

3 种新型教育模式

要想掌握面向未来培养STEAM人才的技巧，应当实行怎样的教育模式呢？

琳达·达林·哈蒙德（Linda Darling Hammond）教授对教育政策及教育研究颇有见地，且著作颇丰。在"高效学习"（*Powerful Learning*）系列丛书中，她认为取代传统教育的新型教育模式主要有 3 种。

项目制学习

项目制学习（Project-Based Learning）是把学生分成人数不多的几个组，由学生自主选择课题并通过调查和研究解决问题。这在美国颇为流行，在日本也被称为"综合学习"或"实践学习"。

项目制学习的理念源自"建构主义"[①]。建构主义是由美国哲学家及教育学家列夫·维戈茨基（Lev Vygotsky）、让·皮亚杰（Jean Piaget）、约翰·杜威（John Dewey）等人提出的，对全世界的教育模式产生了深远的影响并流传至今。

项目制学习重视选题，大多会结合时事热点，能够

---

① 建构主义是一种关于知识和学习的理论，强调学习者的主动性，认为学习是学习者基于原有的知识经验生成意义、建构理解的过程，而这一过程常常是在社会文化互动中完成的。

引起学生的兴趣。由于学生才是学习的主体，所以教师
只是从旁协助，适时给出示例和基本的解释说明。

把从学校学到的知识运用于社会实践，然后以小组
报告的形式输出结果，这一系列演变也与近年热门的
"高效学习"不无关联。

事实证明，相比于一般的学生，接受项目制学习的
学生对现状的把握更加准确，也更具批判性思考和自
信心。

问题导向学习

问题导向学习（Problem-Based Learning）就是向分
组后的学生提出课题，由团队通过讨论、研究等多种方
式寻找对策。在这个模式下，教师并不会给出提示，只
确保学生可以在理解课题的同时把握课题解决的进度。

在 20 世纪 80 年代，哈佛大学医学院最先采用这个
教育模式。在拿到完全不同的课题和病例后，由大约 10
名学生组成的各小组在教师的监督下自主展开学习。结
果证明，接受问题导向学习的学生解决问题和处理临场
病症的能力更强。

从此以后，美国各医学院校从照本宣科、考前死记

硬背的传统教育模式渐渐转到以学生为主导、团队共同学习的新模式。

设计导向学习

设计导向学习（Design-Based Learning）就是通过设计方法调动学生的知识积累和想象力，从而实现创造发明，并在这个过程中让学生有所进步和收获。

想方设法把创意打磨成型、基于他人的反馈完善设计，这便是设计导向学习的目的。参加课程的学生可以阐释围绕课题相关因素发挥了怎样的联想，也可以说明运用自身知识达到了怎样的效果。此外，学生的学习动力以及解决社会问题的责任心在此期间都会有所增强。

但是，必须指出，设计导向学习颇费时间。而且对学生来说，除了掌握方法外，树立不畏挑战的信念也很重要。

以上 3 种教育模式无须教师照本宣科地指导，完全以学生为主体，由他们自主展开探究性的学习，继而解决问题。

这个探索的过程需要学生自己认清并分析信息、充分展开联想、有效沟通并坚持团队合作，这与前文所说的"4C"理念不谋而合。

那么，能不能把"设计思考"和这3种教育模式融合成一个教学体系呢？

新型教育的五大特征

与传统教育相比，引入新型人文主义、在从STEM到STEAM的演变中引入的新型教育模式特点更为鲜明，主要可分为5点。

教育的目的

新型教育对拓展学生潜力最为看重。它是由学生自主发现和选择问题，并在试错中找出对策的主观能动过程。

传统的教育模式强调掌握知识，重视教师的指导。因此，教师需要事先精心准备和设计教学环节，学生按照系统课程展开学习。

而新型教育模式则侧重于引导学生在学习中自主

"发现"，基于亲身经历重组和拓展知识，在体验的过程中学习和成长。鉴于社会发展随着科技进步而日趋复杂，培养学生掌握实用的知识和技巧、具备即战力和解决现实问题的能力，成为新型教育模式的目标。

许多硅谷的学校积极引入创业家培训，重视即战力的培养。学生从生活中寻找课题并亲自研发产品，从而得到全方位的锻炼，提高团队合作能力、领导能力、制作原型能力、设计能力、时间管理能力、市场营销能力、宣讲能力等。

学科间的关系

新型教育审查并融合多个学科的内容，从中提炼相互呼应的元素，以此巧妙地展开教学以实现协同效应。

以历史课介绍无线电发报机的诞生为例，课堂讲解结束之后就可以转到实验室，鼓励学生试着制作模型。以如今的眼光从多个领域对200年前的创造发明加以审视，学生的收获也会更多。

教育的主体

新型教育的主体是学生，包括学龄前儿童。

在系统教育模式下，教师设计教学环节，学生们在准备好的教室里学习。新型教育则更重视解决问题的过程，主角也是学生自己。

而且，学习场所也不局限于教室，学生可以通过感官全面吸收信息。因此，在新型教育中看不到教师讲课、学生听讲的静态场景，取而代之的是各种外出、运动、探索知识的动态场景。

学习模式

新型教育重视项目对学习的支撑作用。

如今的医学院校重视从实践中掌握技能，不再强调死记硬背的学习方法，所以常以小组为单位展开实验。此外，项目制学习、问题导向学习、设计导向学习等探究性学习模式也纷纷被引入日常的教学中。

脑科专家乔·伯勒（Jo Boaler）在《这才是数学（教师篇）》（*Mathematics Mindset*）一书中公布了自己的调查结果：比较统一考试的结果可见，引入项目制学习模式的学校的成绩要胜于其他院校。原因在于项目制学习激发了学生提问的热情，学生更注重用证据说话，学习兴趣也更为强烈。

最近，"主动学习"一词时常可以听到。伴随计算机动画技术、计算机辅助设计等软件技术和在线教育的蓬勃发展，学生可以自发地搜集信息，然后积极思考并解决问题。而且，融合多个领域、全方位审视课题，学生也能真切体会到学习方法并非只有一种。

另外，硅谷院校都会设置"创作空间"，并在其中添置激光切割机、3D 打印机等高科技设备。学生从小接触并学会使用仪器，在展开项目制学习时就有了更多的工具选择。

教育结果的理想形象

我们对新型教育应该满怀信心，相信自己和孩子们拥有改变社会的能力。

作为发掘并解决社会现实问题的教育模式，学生们自然会把打造"更好的社会"视为学习目标。例如，怎样使偏远山区也能喝上纯净的饮用水，如何阻止塑料制品对大海的污染等。以学习成果对社会产生深远的影响，这正是新型教育的一大特征。

因此，编程能力和计算能力的培养不再是教育的当务之急。我们需要引导孩子们研究各类课题，不断激发他们对地球和人类的畅想，促使他们掌握变革的视野和方法，从而提升身为"变革推动者"的自信。

综上所述，我们可以将传统教育与新型教育的对比整理成表（如表 5-1 所示）。

表 5-1　教育的比较

教育类型	传统教育	STEM 式新型教育	STEAM 式新型教育
教育模式	系统学习型	设计思考型	项目制学习
			问题导向学习
			设计导向学习
教育的目的	学会知识	掌握解决问题的能力	
学科的关系	各科独立	融合多门学科	
教育的主体	教师	学生	
学习模式	重视背诵	项目制学习	
教育培养的人才形象	适应社会的人才	变革社会的人才	
	"文科"学文，"理科"学理工科	所有人学 STEM（科学、技术、工程、数学）	所有人学 STEM（科学、技术、工程、数学）+A（艺术）
	重视功能和理性	重视人性和直觉	
对应的社会类型	工业社会（Society 3.0）	信息社会（Society 4.0）	超智能社会（Society 5.0）

新型教育与创新的关系

毋庸置疑,教育模式并非一成不变。那么该如何在保持学科特色之余又不受其固有弊端的束缚?在融合各领域知识时需对这一问题多加思量。

如今,学生所处的环境正在发生剧烈的变化,这是一个显而易见的事实。发达国家普遍出生率较低,后信息化时代所需的 STEAM 人才严重短缺并非危言耸听。而在人口老龄化严重的日本,人才培养毫无疑问会在今后成为重点。

面对瞬息万变的技术革新浪潮,能否培养出可以创造高附加值的人才直接决定了一个国家的未来经济发展水平和国际竞争力。因此,各国政府也有必要认真探讨和实施新型教育。

面对后信息化时代的巨大变革,调整以往的教育模式,探索适应时代需求的新方法。对此,不仅教育从业者义不容辞,全社会都应引起重视。

推行 STEAM 的典型教育机构

　　想要培养新型人才，教育是重中之重。硅谷兴起教育改革之风，培养新型人才的教育机构也如雨后春笋般蓬勃发展。

　　本节将重点介绍一些尚未被社会所了解的硅谷教育机构，通过列举具体的事例来讲解它们的最新动态。可以说，这些都是来自硅谷教育前线的最新报告，揭示了硅谷着眼未来、培养 STEAM 人才的诸多尝试。

智慧与心灵美并重——奥洛尼小学

　　斯坦福大学位于美国加州的帕洛阿托，以大学教师为主的各界精英云集于此，所以这里思想开明、风气自由。该市共有 13 所公立小学以及各类私立学校，其中两所因其独特的教学理念吸引大量的家长报名，最终不得不以抽签的方式决定录取哪些学生，所以又被称为"天选学校（Choice School）"，奥洛尼小学（Ohlone

Elementary School）即其中之一。

奥洛尼小学自 1976 年开始推行与众不同的"开放式教育"，重视每个学生的能力和特长并且因材施教，以培养自主性、判断力和责任感为目标。标榜校风自由的私立学校并不罕见，公立学校能做到如此实属特例。

纵览硅谷各所小学，奥洛尼小学也算独树一帜。笔者与许多来自奥洛尼小学的毕业生和教师交流过小学教育，发现"那才是真正的'学习'"堪称他们的口头禅。

在 20 世纪 60 年代中期，奥洛尼小学的教师和家长联手掀起教育改革，探索不以分数评价学生、调动家长积极担任志愿者的新型教育模式。这给当时的美国教育界带来极大的震动，自此之后，奥洛尼小学就成为世人关注的焦点。

开放式教育的理念由苏珊·查尔斯（Susan Charles）确立，她曾连续 12 年担任奥洛尼小学的校长。

奥洛尼小学以两个年级为单位组建班级（如幼儿园和一年级、二年级和三年级、四年级和五年级），年龄各异的学生可以成为同班同学。第一年作为后辈（Youngers）加入班级，第二年则升为前辈（Olders），两年内都在同一教室接受相同教师的指导。

学生、教师、职工、家长等直接以名相称。例如，人人都可以直呼校长为"苏珊"。

这里没有上课铃声，也没有各种号令。教学形式多样，学生可以铺上垫子席地而坐，甚至在教师讲课时自由行动。

值得一提的是奥洛尼小学的校训：智慧与心灵并重（Teaching Hearts and Minds Together）。

奥洛尼小学一方面注重培养学术知识，一方面重视需与人协调配合的社会性学习以及锻炼沟通表达的情绪性学习。此外，学校还用心营造学生可以从周围获得支持和帮助的学习交流氛围。可以说，奥洛尼小学的培养目标就是重视人性的人文主义者。

在这里，学生并非单纯接受教师的指导，而是在与同学的互动中自主发现新课题，掌握创造性解决问题的技巧。后辈以前辈为自己的榜样，前辈则从指导后辈的过程中提高领导能力。

休息时间结束后，即便没有铃声提醒，学生也会自我管理，自觉返回教室。根据查尔斯校长的描述，环境的营造颇为关键，适合的环境会让孩子们自觉对他人和周边环境抱有责任感。

在重视自主性的奥洛尼小学，学习的主体自然是学生，教师只提供基本的概念讲解等支持。探究性学习对教师的要求是理解每个学生的学习方法，保持随时可以给学生提供帮助的姿态。

这里也没有单元考试和期末考试。学校注重培养孩子们的"求知欲""自信心"和"创新思维"，而这些都无法以分数来衡量。

作为考试的替代环节，学生需仔细聆听教师对教学单元的讲解，并在期限内完成练习和课题的"组合"。教师只需留意每名学生的研究进度，并于学习现场适时予以指点即可。

饲养动物和园艺的体验型学习

奥洛尼小学推行的教育是理论和实践并重的"体验型学习"。

以自然科学课为例，由一名拥有博士学位的理科专家讲解科学原理并指导学生做实验，这点与传统教育模式并无太大区别。

不同的是，校内设有菜园、果树园，甚至还有养羊的"农场"。在 1 英亩（约 4046.86 平方米）的土地上，职员与志愿者们纷纷指导孩子们饲养动物、体验园艺。等到收获的季节，大家会在课上把自己播种培育的蔬菜做成各种美味佳肴，这是奥洛尼小学教学的重要一环。

通过对视觉、触觉、听觉、嗅觉、味觉等感官的积极调动，学生的大脑得到了充分开发，在培养情操的同时也提高了动手能力。虽然如今体验型学习颇为流行，但在 20 世纪 70 到 80 年代，奥洛尼小学的教育模式堪称特立独行，其自由的校风令世人瞠目结舌，因此它也被称为"嬉皮士学校"。

此外，新型教育模式——项目制学习也在奥洛尼小学得以推广。以每年春季举办的项目制学习——"模拟体验（Simulation）"为例，学生们重现各类历史事件，如扮演欧洲旅行家发现北美新大陆、重现加利福尼亚的淘金热等，试着以历史视角学习和思考，这样的"体验"往往会持续数月。

模拟体验不仅会再现历史，同时也会融合英语、数学、科学、美术、音乐、戏剧、体育等多个学科，这为学生日后成为跨越多个领域的 STEAM 人才打下坚实的基础。

尊重自主性

奥洛尼小学没有成绩单等定期评价表，取而代之的是每年两次的家长面谈和书面报告。奥洛尼小学的教育目标在于最大限度地激发每个学生的潜力，因此学校重视定性把握学生的成长，并不以分数来衡量。

"自主性"的培养被视为头等大事，学生可以定期回顾自身的表现，判断自己哪些方面表现优异，哪些方面需要改善，并在教师的引导下客观审视自己。基于自我评价，学生再与家长和教师一起展开面谈。

在一学年结束时，学生还会收到与自身发展相关的具体反馈。例如，这一年学会的技能、学习方法的改进之处等。班主任会给每名学生寄去信件，名为《学年总结》（*End of the Year Narrative*）。作为成长报告，信中会详细记录该生在校期间各类具体的事例。

而且，奥洛尼小学对自主性的重视并非只是针对学生，教师同样可以自由排课、自创课程。

或许是基于这些原因，所以这里每间教室的摆设及风格都迥然不同。如果由半职业歌剧演唱家主讲，授课就会侧重舞台表现，原本腼腆的孩子们可以在大庭广众下表演莎士比亚戏剧。假如由热衷瑜伽和森林浴的教师主讲，教室内就会摆满观叶植物，每天早晨的冥想也会成为学生们的必备功课。而且，因为自然光线效果更佳，所以白天授课时教室里基本不会开灯。

奥洛尼小学的教育宗旨是揭示"核心价值"，这一宗旨得到教职工、学生、家长等的重视和传承。值得一提的是，家长和学校相关人员还会定期展开对教育中核心价值的讨论。这种互动交流、深化学习的过程与杜威等人宣扬的"建构主义"思想不谋而合。

设计思考贯穿义务教育——努艾瓦学校

在从幼儿园、学前班直至高中三年级的 14 年课程中全部引入设计思考，培养面向未来的 STEAM 人才，这正是努艾瓦学校的教育特色。

努艾瓦在拉丁语中是"新颖"的意思，作为最先推行 STEM 教育的前卫学校之一，该校备受全世界教育从业者的推崇。

这所私立学校于 1967 年成立，建校之初，努艾瓦学校的规模尚小，教育范围只能覆盖从幼儿园到小学二年级。1971 年，学校于希尔斯伯勒的丘陵地带购置土地，建成如今的小学及中学的校区。2013 年，学校增设高中课程，新校区扩张至圣马特奥市内。

如今，全校从学前班到高中共有学生约 900 人，校风自由、课程先进。由于独特的教育宗旨及教学安排，努艾瓦学校多次被美国教育部评为优秀学校。伴随着硅谷的繁荣，该校近年来受到全世界越来越多的关注。

探究性学习方法

与奥洛尼小学一样，努艾瓦学校也格外注重培养学生的自主性。在学前班阶段，学校就对"玩耍"的课程予以重视。孩子们可以自主选择娱乐方式，在玩耍的过程中学习与他人交往的方式，同时还可以发现自我。

作为教学的基础，探究性学习方法贯穿于全年级的课程之中。学生拥有极高的自由度，需要学习开发各种资源的方法，同时还要自己把握学习进度。

笔者曾旁听该校以堆肥（垃圾、落叶、杂草等有机物经处理后形成的肥料）为主题的课程，见证学生是如何在课程中学到各种各样的知识的。

在上课之初，教师引导学生展开头脑风暴。师生们围坐在一张巨大的白纸面前，讨论制作堆肥的重要性。

教师鼓励学生畅所欲言，不仅确保人人都有发言的机会，而且把所有的意见都写在这张纸上。

除了文字之外，绘图也是可以接受的表现形式。方便学生理解、推动讨论深入展开，这便是教师的主要职责。

讨论告一段落后，师生一起走出教室，来到庭院。围着盛装肥料的容器，吹着阵阵凉风，学生们仔细观察落叶、杂草等有机物发酵的场景。

虽然臭气熏天，但孩子们依然乐此不疲，捏着鼻子看得入神的也大有人在。他们触摸容器，惊叹堆肥"好热"，再聆听教师讲解蚯蚓和微生物促使肥料分解、发热的过程，很快就理解了其中的原理。

回到教室后，孩子们整理庭院内的所见、所闻、所学、所想，以艺术的形式展现对堆肥的理解。学生可以选择在教室内的任意场所绘画，或是伏案疾书，或是坐在地上沉思，或是在窗前一起作画。

接下来就是让每个人当着全班的面分享绘画的初衷。在教师的帮助下，全部作品都被贴上白板，学生可以欣赏他人的画作，分析相似性及不同之处。最后，在鼓掌和互相称赞中，这堂课就算是圆满结束了。

在短短的 45 分钟内,学生涉足社会学(为什么堆肥对社会有益)、科学(如何制作堆肥)、艺术(如何表达感受)和心理学(自己和他人为什么会有这样的感受)等多个领域,在这一过程中,其批判性思考、沟通交流、合作及创新等能力得到显著提高。

众创空间——"创新实验室"

为探究性学习提供充分的硬件支持,这也是努艾瓦学校的特色。高中自不必说,小学和初中的校园也密布"众创空间(Maker Space)",从儿童到高中生都能体验创作的乐趣。

第 2 章提到的吉姆·萨克斯担任努艾瓦的教师已达 20 余年。从上任伊始他便引入设计思考,开发各类课程。无论是面向 5 岁的学龄前儿童,还是高中阶段的青少年,创造思维始终都是重点培养的目标。作为 STEAM 教育的试验田,萨克斯创办的"创新实验室"也是努艾瓦学校的骄傲。

小学校区的创新实验室于 2005 年成立,据说是由斯坦福大学哈索·普拉特纳设计研究所的教员负责设计。实验室主要分 3 个区域:摆放锯子、锤子等器具的模拟工坊，配备特殊工具和数码器材的创意空间，以及团队作业的教室。3个区域并非绝对独立，而且还在持续的深化设计中，学生和教师也可以对此畅所欲言、献计献策。在休息时间会有中小学生在此聚集，兴致勃勃地进行尝试。

高中的创新实验室则配置有最先进的仪器，有些学生热衷于研究机器人的手臂，有些学生则自豪地宣布制作出了太阳能踏板车。

其实，创新实验室并不是单纯学习工程或科学的场所。创办它的初衷也不在于培养科学、工程或数学领域的专家。

正如努艾瓦学校的校训"在实践和关怀中学习（learn by doing，learn by caring）"所说的，为造福于人而从事创造发明的人才才是努艾瓦学校的培育目标。

萨克斯推出创新实验室，目的就是培养兼具共情和执行力、能够为社会作贡献的 STEAM 人才。

在创新实验室中，师生得以"携手合作"，设计思考得以付诸实践。以五年级前辈为一年级后辈设计"游乐场"为例，前辈们认真展开调查，研究并设计出让后辈流连忘返的娱乐空间。

在专职教师的鼓励下，学生们积极使用各类器材，尝试制作原型。在模拟工坊中，学生可以用锉刀锉一锉锯好的木板，也可以用激光切割机切断塑料，还可以用电烙铁焊接金属。在创意空间中，学生可以借助 3D 打印机打出用 CAD 绘制的图纸。如此一来，在升入高中之前，学生就已经具备了丰富的操作经验（如图 5-1 所示）。

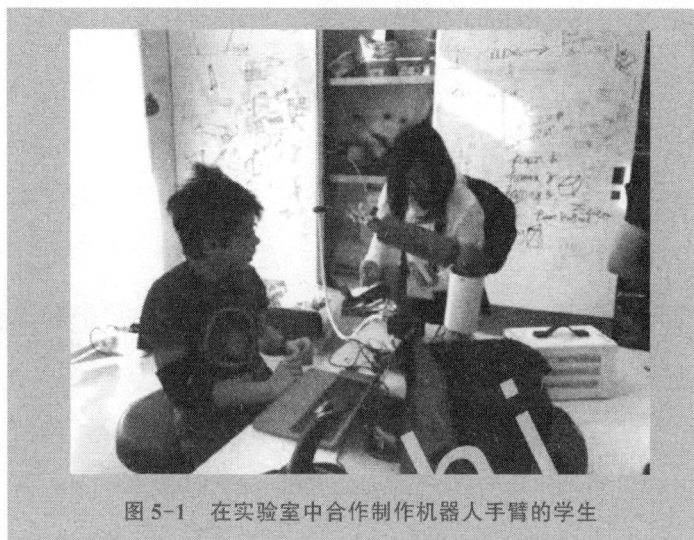

图 5-1　在实验室中合作制作机器人手臂的学生

教育可以激发人的潜力，这也是奥洛尼小学和努艾瓦学校的共通之处。

即便是在配备最先进器材的创新实验室，教育的重点既不是科学或技术等学科知识，也不是工具的使用方法，而是人类本身。创新实验室把"了解人类"的教育发挥到极致，堪称孕育新型人文主义精神的摇篮。

"社会创新"——改变社会的课程

在努艾瓦学校的高中课程中，设计思考的作用更为突出。

作为选修课之一，"社会创新"由创新实验室的专职教师主讲。课程采用项目制学习方式，学生由此了解创新可以给社会带来哪些变化。

在分组调查社会问题之后，学生自主选择课题。基于打探到或陪同观察时所掌握的信息，在团队内反复开展头脑风暴，然后制作原型，把设计思考的结果打造成型。

在努艾瓦学校 2017 学年的课上涌现出许多新奇的创意，如"可以让女性流浪者安心休息的睡袋""方便水果长期储存的沸石材质特殊容器""盲人也能使用的感应皮带"等。

在探索用户特殊需求的阶段，学生校外调研的次数为数不少。通过直接与女性流浪者交谈、倾听盲人的心声等，他们可以发现生活中不为人知的一面，进而加深与他人的共情。

学生可以在风险投资家和设计师等专家的面前发表演讲，这也是"社会创新"课程的亮点所在。具备商业价值的创意还能获得这些专业人士的资金支持，这极大地激励了学生，使他们在创新过程中全力以赴。在校内外反复模拟的过程中，他们的演讲水平也得到了提升。

2018 年春，努艾瓦学校于斯坦福大学哈索·普拉特纳设计研究所举办演讲，许多硅谷知名企业的工程师和原型设计专家自愿担任评委。他们的热情肯定、谆谆教导令人备受鼓舞。对学生来说，这也是拓展人脉、有所进步的大好机会。

作为最先进教育模式的试验田，努艾瓦学校举世瞩目。其中，许多学生的家长本身就是科学家、工程师、风险投资家、创业家等，学校与家长密切且深入的交流机制也为创新实验室等划时代的教育尝试保驾护航。可以说，努艾瓦学校是硅谷中当之无愧的 STEAM 教育基地。

挑战公私合办——设计技术高中

作为公立学校与企业合作的典范，位于美国圣马特奥的特许学校（Charter School）——设计技术高中（Design Tech High School，简称"D.Tech"）备受全美关注。

特许学校属于"公募研发学校"，由个人或团体提出教育理念并递交申请，以此获得国家或所在州的拨款，进而维持学校运营。此类学校兴起于 20 世纪 90 年代的美国，并且总数在与日俱增。

"面向高中生，培养创新意识和创造能力。"基于曾任斯坦福大学英语教师的肯·蒙哥马利（Ken Montgomery）的提议，设计技术高中于 2014 年成立。起初租用旧金山米尔布雷市一所高中的场地，学生只有139 人。

由于重视设计思考的应用与实践，设计技术高中引起了当地软件巨头甲骨文（Oracle）的注意。2017 年，甲骨文公司斥资 4300 万美元于集团总部园区盖楼并将其租借给设计技术高中作为校园，135 名学生经抽签获得入学资格。甲骨文公司的员工作为导师参与各项教育活动，指导学生学习各类适应社会的技巧，如制作商业策划书、围绕用户体验展开设计等。

与努艾瓦学校一样，设计技术高中的课程设计充分体现设计思考的精髓，所有教师都接受过斯坦福大学哈

索·普拉特纳设计研究所的培训。校内 8000 平方英尺（约
743 平方米）的"设计实现仓库（Design Realization
Garage）"就是师生展开设计思考的众创空间。作为毕
业的前提条件，学生有大约六分之一的学分是在这里取
得的。

除了 STEM 领域的学习，共情的培养堪称设计技术
高中的教育支柱。例如，指导低年级学生如何使用器材
就是高年级学生的必修课。

每年 4 次、每次持续 2 周的"交叉学习"也是设计
技术高中的一大特色。在此期间，基础课程的学习全部
暂停，学生可以根据自身的爱好选择从未体验过的课
程，如建筑设计、便携式终端、虚拟现实技术（Virtual
Reality，VR）、代码及编程、机器人研发等，从而拓展
学习范围。

尽管工程等 STEM 领域才是设计技术高中的强项，
但它还是在展开"交叉学习"时特意增加了艺术和设
计的学科，力求扩大学生的选择范围，以打造独特的
STEAM 教育。其中不乏参观美术馆、提高设计技巧的
课程，这些都是扎根于社会和生活的独特选题。

平时专心学习基础知识，"交叉学习"时选择感兴趣

的课程，一张一弛的安排有助于学生们提高学习效率。

设计技术高中的成功实验也在教育从业者中引起了热烈的讨论。由政府拨款的教育机构与某个企业过从甚密，质疑之声也在所难免。然而，为了支持学校推行设计思考，本地老牌企业豪掷 4300 万美元的行为本身更值得关注。

正如第 4 章所述，硅谷的各大企业近年来展现出对设计本身及设计思考的浓厚兴趣。作为公私合办的典范，设计技术高中的发展模式值得我们学习和研究。

培养共情的高等教育——斯坦福大学教育学研究生院

谈到斯坦福大学的设计思考，许多人或许会想到哈索·普拉特纳设计研究所。其实，斯坦福大学的教育学研究生院同样引入了设计思考，并且积极开展了各类丰富教育手段的尝试。

重视理论与实践相结合的教育家谢利·戈德曼（Shelley Goldman）曾提出"培养青年 STEM 思想家（Educating Young STEM Thinkers）"的方案，建议密切工程学院与哈索·普拉特纳设计研究所的互动。2011

年，美国国家科学基金会准予拨款，该项目正式启动。

该项目成员以 4 人为一组，围绕"适合中学生的 STEM 教育课程"展开了长达一学期的研究。创新的过程中自然少不了设计思考的参与。在考虑用户即中学生的需求之余，项目成员还认真设计了原型（课程计划），并根据现场的反馈迅速予以调整。

除项目成员（研究生、大学生）外，作为授课对象的中学生、担任导师的教授及职工等全员都会参与其中，极富探究性学习的特色。

作为面向 STEM 专业、人文系等多个领域的公开课，项目一经问世便引来众人踊跃报名。该项目不仅涵盖教育学，还包括工程、数学、化学、生物工程等 STEM 专业，再加上历史、经济等人文学科以及商科和医科，项目成员从年龄到专业背景等也是迥然不同。

"希望改变社会""相信社会可以改变"的有识之士在此集结。根据项目安排，每周授课两次，前半周探讨理论，后半周展开实践。前半周的理论课在哈索·普拉特纳设计研究所的教室内举行，全体项目成员于课上讨论事先收到的论文，分组交流对授课计划的设想。作为后半周给学生授课的实践，他们奔赴受困于贫穷的邻镇东帕洛阿托，走进当地特许学校——东帕洛阿托凤凰学院（East Palo Alto Phoenix Academy，EPAPA）。

全美顶尖的教育机构有不少位于帕洛阿托，其中八成的毕业生都能升入大学。相比之下，能升入大学的高中毕业生在东帕洛阿托还不足六成。

东帕洛阿托凤凰学院的创办初衷是立足于硅谷的高新科技及区域文化多样性，帮助贫困学生走进大学。然而，由于近年来所在州的教育预算一减再减，学校STEM教师的人数都难以得到保证。

与之形成鲜明对比的是，奥洛尼小学的学生可以就近向常驻的高学历教师以及职员学习科学知识，努艾瓦学校的学生也在乐此不疲地摆弄着最新的科学器材。

设计寓教于乐的数学和科学课程、增强贫困学生的STEM意识，戈德曼教授倡导的项目堪称及时雨，有望改善这类"硅谷悖论（Silicon Paradox）"。

该项目的成员中有不少是科学和工程领域的在读研究生，因此每组至少会有1至2名STEM专家。加上其他具有商业、教育、人文等背景的组员，实现多领域的融合，展开STEAM的畅想由此成为可能。

斯坦福大学的学生们每周造访东帕洛阿托凤凰学院

与中学生开展交流，累计长达 10 周。抵达学校后，每位项目组成员会和 1 名中学生组队交流 1 小时，在此期间可以在校内玩传接球，也可以坐在桌前畅所欲言。初次见面，青涩的中学生难免拘谨，因此发掘他们的需求并非易事。

于是，每到下一周的理论课时，项目成员就会于哈索·普拉特纳设计研究所集合，以口头和书面的形式交流在东帕洛阿托凤凰学院的经历和感受。

"好不容易熟络一些，结果这周对方却不来了……"面对自责且失落的教育学研究生，项目组成员感同身受、频频点头。

连续 10 周分享经历，项目组成员毫不掩饰自身的疑惑和不安。失败的经历颇能让人产生共鸣，他们也能从中学会理解对方。在这个过程中，戈德曼教授始终只听不说。每周制订的 STEM 授课计划其实就是"原型"，需要在实践中得以完善，而他们的疑惑和不安也正推动着计划不断完善。

到了项目的最后一天，回首两个半月以来的酸甜苦辣，一位成员深深感叹道："我还是头一回有如此刻骨铭心的经历。"周围的同伴无不默默点头。对于经过层

层筛选才脱颖而出的这批精英来说，品尝挫折与失败的
苦果也让他们真正有所成长和收获。

在东帕洛阿托凤凰学院的经历是项目组成员了解别
人、发现自我的绝佳机会，也体现了 STEAM 教育对新
型人文主义精神的重视和培养。

第 6 章

在硅谷发展史中探寻 STEAM 奥秘

设计属于硅谷的生态系统

前几章对详细事例的讲解，使我们从目的、思维、发挥想象的方法、教育现场的观点等角度全面了解了活跃于硅谷的 STEAM 人才。

在本章，让我们把目光重新投向 STEAM 人才辈出、创意源源不断的硅谷，畅想向硅谷学习的方法以及 STEAM 的未来发展。

无数创业公司在硅谷发展壮大，如惠普、Adobe、甲骨文、谷歌、亚马逊、特斯拉、爱彼迎等。虽说如今它们在市场上叱咤风云，但当初也是从区区几人的小公司起步的。

与此同时，硅谷也不断吸引来自世界各地的投资。据专业数据研究机构 PitchBook 的统计，2017 年来自美国国内的风险投资达到互联网泡沫^①以来的最高峰，总计有 840 亿美元投向 8000 多家企业。其中，硅谷的几大独角兽公司瓜分了其中的 190 亿美元。以推行共享出行服务的两大公司优步和来福车为例，它们两轮融资额累计达 25 亿美元。

硅谷企业的吸金能力并不局限于美国国内。倡导移动办公的 WeWork 于 2017 年收到软银愿景基金 44 亿美元的投资。到 2018 年末，软银集团又追加投资了 30 亿美元，可谓轰动一时。

由此可见，潜力无限的创业公司纷纷涌现，硅谷呈现出可持续发展的良好态势。不过，这样的"生态系统"该如何构建？这还得从硅谷的发展史中寻找答案。

溯源：从"收获之谷"变成"硅谷"

20 世纪初，无线电发报机、收音机等信息技术产

---

① 互联网泡沫（又称科网泡沫或 dot 泡沫），是指 1995 年至 2001 年间的投机泡沫，即在欧美及亚洲多个国家的股票市场中，科技及新兴互联网相关企业的股价高速上涨。

业在旧金山海湾区域兴起。不过，拜暖湿气候所赐，当地果园遍布、沃土千里，农业才是龙头产业。至 20 世纪 60 年代，该区域的水果出口量高居世界首位，谷物丰盈，被称为"收获喜悦之谷（Valley of the Heart's Delights）"。

摄影家安塞尔·亚当斯（Ansel Adams）擅长拍摄美国雄伟壮丽的自然风光。在他 1940 年拍摄的作品《早春——斯坦福大学附近的果园》中，林立的果树勾勒出一派生机勃勃的景象。

即便是汇聚老牌风险投资企业、租金比纽约曼哈顿还贵的沙山路（Sand Hill Road）地区，过去也只是一片盛产苹果和杏的果园。

这里之所以能成为"硅谷"，位于该区域中心的斯坦福大学居功至伟。利兰·斯坦福（Leland Stanford）被称为铁路大亨，但唯一的爱子却在 16 岁时早逝，于是他和妻子在 1891 年投资建立斯坦福大学来纪念儿子，并造福当地青年。斯坦福大学校区占地 8000 英亩（约 32.4 平方千米），原本是一片农田，学校的昵称"农场"正是由此而来。

1939 年，同为斯坦福大学在读学生且热衷发明的威

廉·休利特（William Hewlett）和戴维·帕卡德（David
Packard）向曾任斯坦福大学工程学院院长的弗雷德里
克·塔尔曼（Frederick Tarman）提议，在当地创办惠
普计算机公司，硅谷的历史由此开篇。作为整个硅谷生
态系统的设计师，塔尔曼被后人誉为"硅谷之父"。

　　时值美国政府大力扶持各大院校从事科学技术研
究，作为当地首屈一指的大学，斯坦福大学顺理成章地
获得了大量的研究经费。值此千载难逢的发展良机，身
为副校长的塔尔曼提出发展战略——"卓越才智的尖塔
（Steeples① of Excellence）"。与哈佛大学、耶鲁大学
等美国东部名校相比，斯坦福大学资历尚浅，即便再重
视实用科学，也难以在所有科技领域取得领先。有选择
地深化研究是务实之举，而半导体正是塔尔曼精挑细选
的领域之一。

　　当时，毕业生求职的首选还是美国东部地区，塔尔
曼对此大为苦恼。利用校园占地广阔的优势，他计划在
大学周边打造企业群。1951年，塔尔曼正式提出《斯坦
福工业园（Stanford Industrial Park）方案》，即今日的

---

① Steeple 在英语中的意思是"教堂的尖塔"。

斯坦福研究园（Stanford Research Park）。

"所学的知识对生活全都有直接的作用。"正如斯坦福大学的建校理念，研发先进科学技术的企业纷纷在此集结，产业与学业完美融合。伴随电子信息工程技术的发展，原本默默无名的斯坦福大学迅速崛起，跃居一流研究型大学之列。

同一时期，因发明晶体管而获得诺贝尔物理学奖的威廉·肖克莱（William Shockley）在离斯坦福大学不远的山景城（Mountain View）成立肖克莱半导体实验室（Shockley Semiconductor Laboratory），名噪一时的仙童半导体公司（Fairchild Semiconductor）就是由从该研究所 8 位出走的杰出工程师联合成立的。

在这之后，以英特尔公司为首，被称为"仙童（Fairchildren，即 Fairchild 的复数形式）"的企业如雨后春笋般冒出，美国半导体产业初具规模。

借助这股东风，斯坦福大学及其周边企业群不断南扩，从森尼韦尔、圣克拉拉，直至圣何塞。步入 21 世纪，生物技术相关创业公司于旧金山南岸聚集，甚至有不少企业扩张到了海湾对岸的费利蒙和奥克兰。

据记录硅谷历史的圣克拉拉谷历史协会〔Santa

Clara Valley Historical Association，后改名为硅谷历史协会（Silicon Valley Historical Association）〕于 1991 年发布的资料显示，南至圣克鲁兹和蒙特雷、北至圣罗莎、东至萨克拉门托"草谷"的"大硅谷圈（Greater Silicon Valley）"已经形成。

挖掘：硅谷的第一批 STEAM 人才

20 世纪 70 年代，一些汇聚世界顶尖科学家和研究人员的机构着眼未来，展开带有 STEAM 色彩的活动。隶属施乐（Xerox）公司的帕洛阿托研究中心（Palo Alto Research Center，PARC）就是其中的代表。

1979 年的某一天，因为一次不经意的邂逅，计算机产业的革命从此兴起。

当天，朝气蓬勃的苹果公司成员造访帕洛阿托研究中心，为首的就是史蒂夫·乔布斯。由于他古怪的性格和独特的世界观，乔布斯当时在计算机研发业界已经小有名气，其实他对技术的犀利眼光和满怀理想的精神更加难得。

乔布斯及苹果工程师们此行的目的在于考察计算机阿托（Alto）。此前，帕洛阿托研究中心的科学家和技术家开发图形用户界面（Graphical User Interface，GUI）技术，而阿托是第一个导入该技术的试验品。

如今的人们对计算机和智能手机的操作界面运用自如，而这一切都是图形用户界面技术的功劳。在其问世之前，计算机的输出全靠文字显示。相比之下，图形界面更加一目了然，光标可以自由移动，信息处理更为直观和方便。

当时，计算机还是嵌入墙内的庞然大物，打造轻巧方便的"个人计算机"实属一种不拘一格的创意，即"think out of the box"。

话虽如此，日后家用计算机的普及程度远非当时的人们可以想象。研发成本高昂、售价更是惊人的阿托因此被贴上不具备商业价值的标签。虽然思想超前的精英们发挥 STEAM 的精神实现了创新，但是如果缺乏实用性，那成果终将无人问津。

发现其中的商业价值、大胆实现技术创新的人正是乔布斯。苹果工程师们进一步改良并研发了最先进的图形用户界面技术。

探究：史蒂夫·乔布斯的成长环境

据说当时考察阿托的企业不止一家，但为什么最后只有苹果公司成功开拓了家用计算机市场？这也许和乔布斯的热情及远见卓识密不可分。除了设计眼光，他的独特之处在于具备通过设计连接人与技术的世界观，即日后 STEAM 人才的共性——新型人文主义精神。

让更多的人感受工艺设计的迷人魅力，这是乔布斯自少年时代以来的理想，而这与他的家庭情况以及硅谷地区颇有渊源。

沿着旧金山海湾南北走向的 101 高速公路一路南下可达斯坦福大学，沿途会经过不少帕洛阿托的住宅区。其中不乏造型奇特的平层，淡白色的外墙、明亮的房门、低垂的屋顶令人印象深刻。

此类房屋兴建于 20 世纪 50 年代，主要集中在加利福尼亚州，由建筑师约瑟夫·艾克勒（Joseph Eichler）设计。

房屋中庭的设计使得室内外直接相连，毫不遮掩梁与柱也是此类房屋设计的一大特征。为了制造开放空间，阻隔被减到最少，有一侧从地板到屋顶的整面墙都是玻璃，确保了充足的光照。这样的设计风格如今并不罕见，但在那个年代却绝对超前。

打破富人的垄断、让平民也能享受精美的住房、提升人们的生活质量，艾克勒的这种设计理念深深打动了少年时代的乔布斯。打造兼具艺术美感和实用功能的产品、广泛服务大众，这对乔布斯日后创立苹果公司也有莫大的影响。

同时，乔布斯对设计可谓有着极致要求。硬件自不必说，他对美感的追求甚至波及其开发的软件。

"字体"功能使得计算机具备多种精美的文字，这也是乔布斯满足用户需求的一大发明。在 2005 年斯坦福大学的毕业典礼上，乔布斯发表了著名演讲。除了那句"求知若饥、虚心若愚（Stay hungry, Stay foolish）"的名言外，他也提到给麦金塔研发字体的往事。从里德学院辍学后，乔布斯出于兴趣学习英文书法，初识优美字体的感动令他念念不忘。基于这个灵感，在研发苹果第一代家用计算机麦金塔时，他特意要求加入自由选择字体、调整字号等功能。

在旧金山召开的苹果发布会上，乔布斯谈论了技术、自由与艺术的结合（如图 6-1 所示）。

图 6-1　乔布斯在苹果发布会上谈论技术、自由与艺术的结合

仔细观察苹果计算机的界面，窗口、图标以及绘图常用的各类图形都没有棱角，而是略带弧度，这也是出于乔布斯的坚持。

据说，在他提出这一要求后，苹果公司的工程师当即反问："四边形有角不是很正常吗？"然而，乔布斯完全站在生活的角度，毫不退缩地以交通标志和家中的白板为例："身边事物的棱角都经过了精美的加工！"

而且，他的执着也出于对社会和人类的好奇。以文化人类学者的角度观察生活空间及日常习惯，从中挖掘可以给人们带来便利的发明，类似的奇闻轶事在乔布斯的生平事迹中数不胜数。乔布斯还本能地意识到，通过 STEM 研发的技术还需要注入灵魂，即通过艺术和设计与用户产生共鸣。

"只要实现技术与自由艺术的有机结合，就能打动人心。" 2011 年，在发表此番言论后的半年，乔布斯与世长辞，这段话也是对他人生哲学的高度概括。

苹果公司此后继续推出兼具最先进技术和艺术美感的梦幻产品，至今仍是硅谷的标志。这与乔布斯深刻理解 STEAM 的精髓且将其积极付诸实践密不可分。

传承：从加州的淘金热到硅谷的创业精神

为了支持高科技创业公司的成长，硅谷各界群策群力。于斯坦福大学商学院任教的威廉·米勒（William Miller）将硅谷比喻为自然界动植物聚集的"栖息地"，而无数理论家和实践家则积极分析硅谷独特的社会结构，不断提议打造当地良好的"生态系统"。

除了帕洛阿托研究中心和斯坦福研究院（Stanford Research Institution，SRI）等研究机构，硅谷内还有提供资金和管理支持的天使投资机构、专门从事知识产权业务的律师事务所、催生技术萌芽的孵化器、会计师事务所、银行、证券机构、咨询公司、猎头公司等。各行各业都为硅谷的技术研发保驾护航，就连美国国家航空航天局埃姆斯研究中心（AMES Research Center）等联邦机构也直接参与对创业公司的投资。

毫无疑问，硅谷的特征源于当地居民的创业精神。

硅谷所在的加利福尼亚州的官方昵称为"金州（The Golden State）"。1848 年，由于在州内萨克拉门托的河道中发现金沙，世界各地的淘金者蜂拥而至。

虽然找到金块的人寥寥无几，但这片神奇的土地上却流传着不少把创意转变为商机的佳话。

以生产牛仔服装闻名的李维斯（Levi's）就从金矿工人的身上找到灵感，专门设计用粗制帆布材料制作的工作服并配上带铜扣的口袋，产品一经问世就引发热卖。总部同样位于旧金山的富国银行则面向淘金者推出商品运输服务。历经一个半世纪的演变，移居新天地、寻找新生活的开拓精神早已融入硅谷的风土人情中。

这类具备冒险精神的开拓者也被称为挑战者。根据硅谷合资企业协会的统计，1850 年的硅谷居民只有 50 万人，至 2015 年时已增至 60 倍。值得一提的是，从 2011 年起，大量的非美国籍人士拥入硅谷，每 3 名硅谷居民中就有 1 人原籍不是美国。

其实，自从互联网产业兴起，许多创业公司的背后都有外籍创业家的身影。

例如，创立太阳微系统公司的维诺德·科斯拉（Vinod Khosla）和免费电子邮箱 Hotmail 的沙比尔·巴蒂亚（Sabeer Bhatia）都是印度人，易贝的皮埃尔·奥米迪亚（Pierre M.Omidyar）出生于法国巴黎，谷歌创始人谢尔盖·布林（Sergey Brin）来自苏联的犹太人家庭，特斯拉的埃隆·马斯克（Elon Musk）则在南非的比勒陀利亚长大。

根据硅谷当地报纸《水星新闻报》（*Mercury News*）的报道，2016 年的人口调查显示，硅谷 71% 的技术人才出生于美国海外。满怀创业精神的梦想家在此集结，而硅谷也因此被称为孕育创意和创新的温床。

不拘泥于传统、开放的风气和自由流动的人才，这些都有利于知识、信息和技术的传播，也有助于拓展人脉和交际圈，并加深企业与大学的合作。硅谷良好的生态环境就此形成，吸引了世界各地的精英前来寻梦，也同样促进了当地的发展。同时，注重功能性与艺术性、本着人文主义精神展开想象的 STEAM 杰作日益增多。

波士顿 128 公路与硅谷

加利福尼亚大学伯克利分校的区域经济学家安娜莉·萨克赛尼安（Annalee Saxenian）在 1994 年出版的《地区优势：硅谷和 128 公路地区的文化与竞争》（*Regional Advantage：Culture and Competition in Silicon Valley and Route*128）中特别强调硅谷的区域优势。她的分析对有关 STEAM 生态系统的思考具有重要的启发，下面进行详细介绍。

在美国东部马萨诸塞州的波士顿郊外沿着 128 公路行驶会经过一片区域，这里曾经是产生世界电子信息工程技术革命浪潮的地方，与硅谷极为相似。

在 20 世纪 80 年代，这两个地区同时迎来了巨大的危机。曾经引领波士顿 128 公路大型计算机工业繁荣的生产商发现，越来越多的客户转而关注新兴的工作站（Workstation，即通用微型计算机）和小型个人计算机。与此同时，硅谷的芯片制造商也在半导体存储器的市场与日本厂家陷入苦战。

然而，之后两地走上了截然不同的发展道路。波士顿 128 公路流失了大量的人才，渐渐退出竞争，而硅谷则不断涌现新兴企业，恢复了昔日的繁荣。

萨克赛尼安把发生这种情况的原因归结为两者的社会结构不同。波士顿 128 公路由少数企业垄断，生产完全不予外包，业务模式极为封闭，被形容为"中央集权型"。而硅谷内各企业紧密关联，保持开放性的竞争与合作，发展模式为"分散型"。

作为硅谷特色，开放性不仅体现在企业之间，也早已融入个人生活。大学时代的校友、孩子在学校结识的志愿者、家人介绍的朋友……人们的关系网由此扩展得越来越大。下班后在酒吧小酌一杯，与业界同行探讨最新技术、交换创意和信息；通过非正式的交流互通信息，技术人员还会与生产商保持密切联系……在 20 世纪

70 年代对硅谷进行报道时，不少记者对于这类现象大为惊奇。

作为"交流中心"，位于山景城的行走者马车轮酒吧（Walker's Wagon Wheel）被载入了硅谷的历史。从 20 世纪 70 至 90 年代，来自仙童、国家半导体公司等半导体行业巨头的精英频频光顾这里，或是庆祝项目圆满完成，或是与同行探讨"如何完成蚀刻 ①"等技术细节。相互"挖角"的现象更是屡见不鲜，相关资料甚至被收入当地的计算机历史博物馆。

这类非正式人际网成为重要的信息来源，竞争对手、客户市场、最新技术信息等均可从中一网打尽。硅谷内密布各类人才和信息的关系网，企业在竞争的同时难舍难分，硅谷自由开放的风气由此深入人心。

在 128 公路所在的波士顿新英格兰地区，居民固守本地已有 10 代。17 世纪清教徒文化的影响延续至今，民风保守，等级观念鲜明。相比之下，硅谷的历史并不悠久，创业家们也不问门第和身世，而是以技术创新作

---

① 蚀刻是指利用化学反应或物理撞击作用将材料移除的技术。该技术最早用来制作铜版、锌版等印刷凹凸版，随着工艺的不断改良和设备的持续更新，亦可以用于航空、机械、化学工业中电子薄片零件精密蚀刻产品的加工，特别是在半导体的制作上，蚀刻更是不可或缺的技术。

为自己的使命和标签。

硅谷 STEAM 生态系统的核心 ——分散型关系网

在探讨如何打造适合培养 STEAM 人才的生态系统时，笔者认为，萨克赛尼安的分析具有重要的启示。

笔者此前多次强调，在科学和技术的基础上加入艺术和设计等，集结全部领域的人才相互学习，这正是培养 STEAM 人才的重要理念。安排 STEAM 的活动是为了创造前所未有的新事物，因此需要的是不拘于传统和习惯的土壤。

不受现有模式束缚而进行大胆创新，通过密切又不失弹性的关系网展开竞争和合作，自由之风由此吹遍硅谷。这类"分散型"关系网有利于 STEAM 人才的诞生，同时可以融合各领域的尖端思想。

在激烈竞争之余，硅谷内手握尖端技术的创业公司不忘打破行业壁垒，积极展开集体学习以应对瞬息万变的市场和技术发展。而且，不仅是企业，行业团体、大学等也把交流门槛一再降低，人们可以跨越身份和职业自由往来。

大学及行业团体积极组织免费的讲座和活动，参加人员可以借此拓宽自己的关系网。

在小范围内形成产业集群，有助于人才与信息的流动，就像硅谷内流行的一个笑话："虽然换了工作，但停车场却没换"。

在开放的环境下，"挖角"和跳槽可谓家常便饭。上一个月还在大学教书，没过多久就在某家高端企业领导技术研发了；上一周还作为竞争对手斗得不可开交，转眼就成了同一个研发组的队友……诸如此类的趣事在硅谷也是屡见不鲜。

据说，在美国，生于1982年至1996年间的一代人平均每4.2年换一份工作，而硅谷技术企业员工的跳槽率是其两倍。

关系网是硅谷生态系统的核心。因此，若想在硅谷出人头地，"沟通能力"和"合作能力"必不可少。再加上批判性思考和创新，这就是面向21世纪的"4C"技巧。活学活用该技巧以适应硅谷的生态系统，从而实现创新，这对于 STEAM 人才来说至关重要。

糟糕的"硅谷悖论"

史蒂夫·乔布斯、前田、王戈、松冈容子、吉姆·萨克斯……STEAM 人才辈出，世界最先进的技术及独特的产业持续涌现，这使得硅谷至今仍在保持高速的成长。

但是，也有人指出，近年来互联网泡沫愈演愈烈，导致硅谷的发展逐渐偏离正轨，人口和企业数量激增造成硅谷土地供不应求，房价高涨也与硅谷居民生活质量下降形成了前所未有的反差。

从 2010 年到 2016 年，硅谷的雇员总量增加了30%，但新增房屋的比例只有 8%，这导致硅谷地区的房价连年上涨。

2017 年，硅谷的住房平均售价为 100 万美元，约为波士顿（42.4 万美元）和纽约（41.7 万美元）的 2.5 倍。

此外，以硅谷两室两厅的公寓为例，人均月租金是3090 美元，比西南偏南大会举办地、IBM 等高科技企业都设有分部的奥斯汀也高了 2 倍左右。

因此，硅谷居民不得不迁至郊外，这导致交通拥堵问题日益严重。从 2010 年开始，人们的出行时间在 6 年间延长了 19%。2016 年，人均上下班出行时间增至 72 分钟，与美国第一大城市纽约的 74 分钟相差无几。硅谷的早高峰始于 7 点，晚高峰始于 16 点，交通干道车水马龙、拥堵不堪的场景并不少见。

一方面，作为先进科学技术的试验田，硅谷日常生活中的某些场景有望在不远的将来推广至全世界。在硅谷，新千万富翁或新亿万富翁的传说不绝于耳，硅谷工程师的收入是美国人均水平的 3 倍多。

然而，从另一方面来看，"宜居"一词也离硅谷越来越远。贫富差距日益拉大，即便从事全职工作，收入也不足以负担昂贵的租金、房贷以及高涨的物价。生计难以维持、家庭入不敷出的现象频频曝光，相关民生问题日趋严重。

申领政府发放的食品券或者向民间食品银行求助的贫困人口越来越多。据英国《卫报》（*The Guardians*）的报道，硅谷每 4 人中就有 1 人面临食不果腹的窘境。

根据美国最大的食品银行——丰收银行（Second

Harvest）的统计，在硅谷两大核心城市圣克拉拉和圣马特奥，总计约 72 万的居民中有 26.8% 陷入了食物短缺的困境，一日三餐难以得到保证。与此同时，互联网泡沫带来的暴利促使高消费群体的需求更加多元化，衣食住行的终端市场呈现过热状态。

随着贫富差距日益扩大，"硅谷悖论"由此诞生。而且，类似的巨大反差也体现在教育中。在山景城、森尼韦尔、洛斯阿图斯、库比蒂诺、门洛帕克、帕洛阿托等企业林立、高收入者聚集的地区，得益于高额的税收，公立学校可以获得充足的预算，进而改革教育模式。

不少学校给每名学生配备笔记本电脑、台式电脑和平板电脑，教材电子化、作业在线完成等新兴技术也纷纷发挥作用。甚至还有学校打造出不输于大学的众创空间，最先进的实验设备一应俱全，中小学生可以尽享创造发明的乐趣。

与之相反，贫困地区的教育则深陷泥潭、举步维艰。

因为互联网泡沫而身价倍增的富豪大多定居帕洛阿托，隔着国道相邻的是小镇东帕洛阿托。相比于周边城市，东帕洛阿托人均收入极低，在硅谷的历史上也是出名的贫困户。这里曾经饱受黑帮势力的困扰，20 世纪

80 年代的犯罪致死率高居美国国内首位。

　　基于自治团体长期碌碌无为、硅谷办公用地日趋紧张，不少企业开始把目光投向东帕洛阿托。当地的报纸《帕洛阿托周报》（*Palo Alto Weekly*）对此曾有专题报道，其中指出：自 1979 年以来，由于门洛帕克新建大型校园以及不少脸书的员工出于交通便利的考虑，越来越多的人选择在此定居。自此以后，东帕洛阿托迅速发展起来。

　　然而，当地的配套教育却迟迟未能改善。正如第 5 章所述，受当地政府削减预算的影响，相关教师难以全面到位，中学甚至无法开办科学课。

　　为了改变现状，脸书创始人马克·扎克伯格（Mark Zuckerberg）和妻子普莉希拉·陈（Priscilla Chan）慷慨解囊，对学校进行捐赠。不过实际效果如何，目前还未可知。由于大量企业涌入和地价攀升，不少当地人不得不背井离乡、迁居外地。同时，周边城市的中产阶级又纷纷搬到东帕洛阿托，使得当地的社区结构受到巨大冲击，中产阶层化 ① 的问题日益凸显。

---

① 中产阶层化（Gentrification）又称绅士化、贵族化或缙绅化，是社会发展中的一种现象。它指的是一个旧区从原本聚集低收入人士，到重建后地价及租金上升，吸引较高收入人士迁入，并取代原有低收入者，致使居民社会层次产生变化的情况。

虽然硅谷凭借创新引领世界，但在产生巨额财富的同时，当地社会贫富差距拉大、生活质量下降等弊病也更加严重。

STEAM 的未来：通过人文主义实现包容性社会

在勾勒适合未来社会发展的人才形象时，硅谷及活跃其中的 STEAM 人才就是最好的参考。不过，正如上一节所述，硅谷也存在许多不容忽视的问题。在本节中，笔者将试着从第 4 章末尾的多样性和包容性展开，畅想 STEAM 的未来。

前田认为，设计主要可以分为 3 类：经典设计、设计思考和计算设计。同时，作为未来设计不可或缺的元素，他也强调了"包容"的重要性。

经典设计根植于传统艺术，所面向的群体是极少数具备较高修养的精英。受阶级和身份所限，他们往往无法代表大众的观点。

前田指出，颠覆经典设计的正是设计思考，从此设计不再是昂贵的代名词。把握他人的需求、立足共性集体展开联想，这个"民主"的过程也是在不断扩大设计人员的工作范围。

"硅谷的众多企业积极推广设计思考，从用户的角度进行创新。"这样的说法其实并不准确。能够接触先进技术的用户只有部分具备相应素养的消费者，企业的创新大多还是要面向一定的社会对象，然后再基于领先时代的精英主义对功能进行优化设计。

正如前文所述，苹果公司的史蒂夫·乔布斯始终对简洁的设计抱有执念。扩大技术的受众范围，面向广大消费者设计产品，苹果的这种理念深深影响着硅谷厂商的生产和经营活动。然而，乔布斯虽然注重设计的简约性，却并未停止对艺术的极致追求。前田认为，这种"内行才能看出门道"的骄傲从某种程度来说就是精英主义，因此真正值得倡导的还是"计算设计"。

物联网技术把人和物紧密相连，前所未见的新价值和新发明应运而生。借助人工智能和机器学习等新兴技术，人们可以对浩如烟海的资料进行深入的处理和分析。在当今时代，种族、信仰、性别、年龄、学历、职业经历等潜在社会差异更加直观可见，如果可以通过设计消除这些差异，或许就能打造出更加包容的社会。

借助先进技术的计算设计对企业也大有好处。例如，通过数据分析可以挖掘少数群体的潜在特殊需求，或者改善贫困人群的生活状况。由此，企业可以面向更广泛的消费者，研究全新的产品或服务，同时以更多的用户为导向，从而增强消费的活力，吸引更多的客户并获取更大的利益。

满足多元化的消费需求，这不仅有利于业务的发展，更重要的在于可以吸收更多样的需求和价值观。而具有包容性的价值观又能促使新型人文主义更快形成。

值此从信息社会迈向超智能社会的变革时期，我们可以通过教育培养更多的 STEAM 人才。坚持重视人性的核心思想、以技术的伟力实现创新，新型人文主义者积极吸收多元化的价值观，努力建设更具包容性的社会，这不正是面向超智能社会的努力方向吗？

后 记

Postscript

创造充满人文关怀的社会是 STEAM 的未来愿景

笔者二人曾受业于同一对夫妻，并在这两位恩师的引荐下于 10 多年前在斯坦福大学见面，那是 2008 年的秋天。

同为日本人，又同在斯坦福大学取得博士学位，二人相似之处实在太多，自然一见如故（后来偶然得知连先生的英文名都与我一模一样）。

数年后，又因为一段相同且重要的经历——在硅谷的生态系统中培养孩子而结为至交。

通过对育儿模式的探索，身为研究人员的笔者进一步拓宽了视野。幼儿园、学前班、小学……笔者在培养孩子的过程中与形形色色的人相遇，或是经历别样体验，或是仔细研究分析。同时，美国硅谷与日本截然不同的教育环境也让笔者大为惊叹。在倡导多样性的同时尊重个性，硅谷教育从业者们的精神深深打动了笔者。

"我们不一样，我们都很棒。"这是日本明治时期童谣诗人金子美玲的名句，这番精神也从许多硅谷机构及个人行为中得以体现。

对于"三人行必有一人来自海外"的硅谷来说，持有不同宗教信仰、语言、价值观、个性的人们从世界各地拥入这里，最重要的就是认同彼此的差异，实现和睦相处。

下课时，孩子们会和前来接送的家长用母语交流。"其他同学都听不懂我们在说什么！"孩子们一脸得意的神情也让笔者感受到下一代人的能量。在承认多样性的氛围中，人人都学会了尊重自己。

这与"坚持己见"略有区别，因为硅谷的学生从小就意识到合作的重要性。

"人人都有潜力"的强烈自信堪称硅谷的一大特征（或许也可以说是整个美国的特点）。而且，激发每个孩子潜力的教育理念已经深入人心。

置身于把自主性奉为第一位的环境中，孩子们在相互交流中掌握"自主学习"的技巧。在屡战屡败的过程中，他们逐渐意识到学习并非是一种被动接受的行为，而是要主动争取。目睹孩子们（小心翼翼）的样子，我们自身也有所发现、感动和提升，直至今日也是如此。

第 5 章关于奥洛尼小学的记述正是基于杨·吉原麻里子的亲身体验。身为家长的 7 年时光使杨受益良多，至今仍对该校的教育理念念念不忘。

在教育系统的良好运作下，硅谷人才辈出。在这个先进技术诞生的圣地，孩子们自小接触 STEAM，兴致勃勃地展开学习。例如，报名科技博物馆主办的夏令营、玩转世界机器人大会的乐高展区、寄宿在学校以参加"编程马拉松（Hackathon）"[①]活动等。

然而，这并不意味着这些学校已经找到适合 21 世纪人才培养的完美教育模式。目前，所有院校还是处于雾里看花、各自探索的阶段。杨的女儿目前在读中学，在

---

① 又称黑客日（Hack Day）、黑客节（Hackfest）或编程节（Codefest），是一个流传于黑客（Hacker）当中的新词汇。在该活动中，计算机程序员以及其他与软件发展相关的人员聚在一起，以紧密合作的形式开发某个软件项目。编程马拉松的灵魂就是合作编写程序和应用，时长一般在几天到一周不等。

展望新学期时，校长对家长们说："身为教育从业者，我们每年需要进行各种试错，难免会有重大失误。因此，这是一场结果未知的实验，未必总能成功。但是，至少我们勇于尝试、坚持不懈。教师以身作则，相信也有助于学生树立从失败中学习的信念。"

木岛在斯坦福大学任教，校内不乏满怀求知欲、坚持探索和挑战的学生。盛行 STEM 教育、强调技术为先的硅谷近年逐渐兴起变化，教师们会抽出部分暑假时间回到学校。除了传统的科学和数学，艺术和人文也越来越多地被加入课程设计的思考中。

这几年面向家长的讲座也多以共情、包容等为主题。此外，如何通过教育培养合作和沟通等面向 21 世纪的技巧也是热门话题。

各大学校过去争先恐后地引入编程、机器人学科等先进课程，如今关注的重点则转到人文。这股思潮也蔓延到高等教育，斯坦福大学推出了许多重视人类需求的课程，甚至超出以往人文领域的范畴。

硅谷曾经高调推出了各类 STEM 人才，而 21 世纪的培养对象之一则是喜欢莎士比亚的程序员。身处其中，笔者切身体会到 STEAM 教育群体开始萌芽并且在逐年壮大。通过研究及参加各类活动，笔者得以近距离采访各类 STEAM 人才。

此时，恰逢出版方约稿并表示"希望能以通俗易懂的方式宣传 STEAM"。可以记录身为家长和研究人员的感受和思考，笔者二人自然欣然接受。

最后，也想借此机会介绍非营利性机构"天空实验室"。

"天空实验室"由笔者二人以及同为斯坦福大学博士的清水薰于 2016 年共同创办，旨在培养具备 STEAM 想象力的人才。

实验室打造以学生为主体、自主解决问题的"探究性"学习氛围。基于三人此前的研究，孩子们可以在此充分发展面向 21 世纪的能力，如思考及想象力、处理信息的分析能力、团队作业的沟通及合作能力等。

如第 2 章所述，大约从 2005 年开始，美国展开对 STEM 教育重要性的讨论，并且探索 STEAM 教育模式。然而，在专攻 STEM 的大学生中，男女比例极不平衡。除了在环境科学和生物医学这两个专业领域中女性可以占据 40%—50% 外，其他领域中的女性人数远远少于男性。

根据美国工程教育协会（American Society For Engineering Education，ASEE）的资料，美国工程专业中女性占比还不足 20%，例如，女性在计算机科学专业中占比为 10.9%，在电子工程专业中占比为 12.5%，在机械工程专业中占比为 13.2% 等。即便在创业精英云集的硅谷，具备 STEM 学位的女性创业家也是少之又少。

发生这种情况的主要原因在于女性缺乏"自我效能（Self-efficacy）"，如"自认为不适合学习数理化"等。其实事实未必如此，只是她们总是轻易否定自己，还没尝试就已放弃。

在"天空实验室"展示原型的中学生

以日本为例，"女性适合学文科"的观点根深蒂固，STEM专业女性学生的占比较低多少受此影响。根据2018年的日本政府资料显示，女性在日本大学的人文专业中占比约为65.2%，而在物理专业中的占比不足25%，在工程专业中的占比在14.5%左右，低于美国。

因此，"天空实验室"于2016年推出了面向女子高中生的项目。通过参加英日双语的探究性课程，女生可以学习成为STEAM人才所需的思维及创新方法。基于对用户的调查结果展开头脑风暴，在改进原型的过程中掌握创造性思考、沟通交流、合作创新等面向21世纪的技巧。最重要的是，她们可以在这个过程中逐渐树立敢于表达自身观点的自信。

通过这个项目，研究者们希望达成的目标如下：

• 对于自身的创造性更有信心；

• 对从STEM到STEAM的课程及课外活动更感兴趣；

• 提升共情，愿意通过创造发明改善他人生活；

• 与他人配合时对合作更为重视。

这一项目也可以证明，通过探究性学习引导学生体验STEAM的乐趣，有可能改变孩子们的观念。

　　21 世纪被誉为后信息化时代，我们真正面对的课题既不是国家或企业间的研发竞争，也不是如何把技术传遍全球，而是要扪心自问：能否把世界带回人人宜居的轨道？对下一代人才的培养不能再按照以往文科或理科的模式展开，而要超越传统的教育观念，不再把文理科视为水火不容，这正是 STEAM 的理念。

　　满怀热情、希望为造福于人而有所创造发明，这是本书介绍的几位 STEAM 人才的共性。试着与人沟通，加深彼此联系，引导下一代人才树立此类意识并掌握 STEAM 技能，只有这样，我们在后信息化时代才有可能打造满怀共情、更为包容的社会。笔者认为，这理应成为今后世界发展的愿景。

　　执笔之时，承蒙多方关照，或是接受笔者采访，或是提供素材。限于篇幅，不能一一列举，在此谨表示诚挚的感谢。

　　为了促进 STEAM 人才的交流，"天空实验室"组织了各类活动，并得到了恩师冲本·丹尼尔（Daniel Okimoto）教授及其夫人道子的支持。设置课程时幸有谢利·戈德曼教授的热情指导、程近智出谋划策。项目得以顺利开展，离不开向井·加里（Gary Mukai）博士等志愿者和员工的配合。此外，斯坦福大学教育学研究生院、庆应义塾大学研究生院媒体设计研究学院、富士见丘学园（提供第一年的项目会场）等合作单位也多有帮助，在此一并致谢。

本书源自朝日新闻书籍出版社编辑部的三宫博信、朝日新书总编宇都宫健太郎的策划，责任编辑佐竹宪一郎也多有指导和建议。有幸顺利出版，笔者感激不尽。

最后，身为社会活动家和研究学者，笔者的事业和生活离不开家人一直以来的支持和鼓励，尤其感谢两位菲利普先生以及父母。谨为面向 21 世纪的孩子们献上这本诚意之作。

杨·吉原麻里子　木岛里江

于斯坦福大学